DROEMER

KLAUS SCHERER

KUGEL INS HIRN

Lügen, Hass und Hetze im Netz bedrohen die Gesellschaft

Unterwegs mit Strafverfolgern

Besuchen Sie uns im Internet:
www.droemer.de

Aus Verantwortung für die Umwelt hat sich die Verlagsgruppe
Droemer Knaur zu einer nachhaltigen Buchproduktion verpflichtet.
Der bewusste Umgang mit unseren Ressourcen, der Schutz unseres Klimas
und der Natur gehören zu unseren obersten Unternehmenszielen.
Gemeinsam mit unseren Partnern und Lieferanten setzen wir uns für
eine klimaneutrale Buchproduktion ein, die den Erwerb von Klimazertifikaten
zur Kompensation des CO_2-Ausstoßes einschließt.
Weitere Informationen finden Sie unter: www.klimaneutralerverlag.de

Originalausgabe Oktober 2022
© 2022 Droemer Verlag
Ein Imprint der Verlagsgruppe
Droemer Knaur GmbH & Co. KG, München
Alle Rechte vorbehalten. Das Werk darf – auch teilweise – nur mit
Genehmigung des Verlags wiedergegeben werden.
Redaktion: Dagmar Weindl, promotiontext.de, Friedberg
Covergestaltung: SO YEAH DESIGN, Gabi Braun,
Coverabbildung: Arne Eichhof / plainpicture und Robbiya / Shutterstock.com
Alle Abbildungen im Innenteil: Norddeutscher Rundfunk
(Screenshots »Hass im Netz«)
Satz: Adobe InDesign im Verlag
Druck und Bindung: GGP Media GmbH, Pößneck
ISBN 978-3-426-27891-8

2 4 5 3 1

Inhalt

Einleitung
Für einen Perspektivwechsel
Unterwegs mit Strafverfolgern
9

1
Sachsens Rekordschreiber
Das Gesetz gegen Hass im Netz zeigt Wirkung
35

2
Wenn der Anwalt selber hetzt
Milieubesuch in Chemnitz
25

3
»Dem ne Kugel ins Hirn«
Staatsanwältin gegen Richterin
45

4
Juden, Schwule, Fremde, Frauen
Fallbeispiele aus Niedersachsen
53

5
Baerbock im Zielfernrohr
Gerichtstermin in Peine
61

6
Vom guten Handwerker und bösen Hacker
Der singende Maler von Einbeck
71

7
Extrem digital
Schockkunst im Emsland
84

8
Bin ich jetzt ein Denunziant?
Zeugen in der Klemme
93

9
»Hättest am Krebs verrecken sollen«
Bürgerportal am Limit
103

10
Die Müll-Abräumer
Medienjob Community Management
111

11
Jenseits von Idar-Oberstein
Bei V-Leuten in Rheinland-Pfalz
128

12
Der Fall Schäuble
Ermittler vor Hindernissen
140

13
Nette Nazis von nebenan?
Zaungast in Celle
157

14
Ignorieren war gestern
Die Hinrichtungen der Claudia Roth
167

15
Kugel ist Kugel
Finale am Landgericht
176

16
Trumps Trickkiste
Lehrstunden in Amerika
185

Ausblick
Justiz in Bewegung
Grenzziehungen
197

Dank 211
Quellen 215

Einleitung

Für einen Perspektivwechsel
Unterwegs mit Strafverfolgern

Es ist früh, finster, still. Eine Wohnstraße im Stadtgebiet Chemnitz. Vor mannshohen Hecken, die den Eingang eines mehrstöckigen Mietshauses säumen, haben Zivilfahrzeuge des Landeskriminalamts angehalten. Lückenlos parken am Straßenrand noch Autos. Erst hinter wenigen Küchenfenstern brennt Licht. Die sechs LKA-Beamten beziehen auf dem Gehweg Position. Tauschen Blicke aus. Alle sind einsatzbereit.

Im Revier hatte das Polizeiteam kurz den Einsatzplan besprochen, dann war es mit Dienstwaffen, schwarzen Taschen und Koffern für die zu sichernden Beweismittel durch die Nacht zur Zieladresse aufgebrochen, vor sich nur die Rücklichter der frühen Pendler und das Farbenspiel der Ampeln.

Punkt sechs, Uhrenvergleich. Hellblaue Plastikhandschuhe überstreifen. Durchsuchungsbeschluss des Ermittlungsrichters griffbereit mitführen. Alles Routine.

Die Papiere zitieren den Online-Eintrag, der das Verfahren ausgelöst hatte. Quelle: Facebook. Vermerk: Orthografie übernommen. »Unsere Kanzlerin«, steht da, »diese würde ich wie es zu alten Zeiten wo unser Führer noch lebte ins KZ stecken.«

Auf den zweireihig angeordneten Klingelschildern links neben der Eingangstür leuchtet die kleine Taschenlampe des Einsatzleiters auf ein Dutzend Namen. Er drückt unten links.

»Ja?«

Die Mieterin klingt verschlafen.

»Guten Morgen, die Kriminalpolizei, wir müssten mal ins Haus«, erklärt der Beamte mit sanfter Stimme. Und schiebt gleich nach: »Wir wollen nicht zu Ihnen.«

Prompt ertönt der Summer. Keine weiteren Fragen. Fast so, als hörte die Frau im Parterre diese Sätze nicht zum ersten Mal. Der Beamte drückt die schwergängige Tür auf, atmet hörbar aus, halb erleichtert, halb angespannt. Er weiß nicht wirklich, was ihn von jetzt an erwartet. Ebenso wenig weiß es mein Kameramann, der das LKA-Team für unsere exklusive ARD-Recherche *Hass im Netz* in dieser Nacht begleiten darf.

Die Zielperson ist 39, deutsch, männlich. Das örtliche Amtsgericht führt den Fall unter dem Aktenzeichen 200 Js 25828/21. Tatverdacht der Volksverhetzung gemäß Paragraf 130 des Strafgesetzbuches. An einer der Wohnungstüren der oberen Stockwerke läuten die Beamten zunächst, danach klopfen sie lautstark. Als sich die Tür zögerlich geöffnet hat, fällt der nächste Satz, wieder mit der gleichen ruhigen Stimme.

»Wir setzen heute einen Beschluss um, einen Durchsuchungsbeschluss«, erklärt der Einsatzleiter, nachdem er sich dem Bewohner vorgestellt hat. »Können wir uns irgendwo hinsetzen, um kurz darüber zu sprechen?«

Durch die Türöffnung wird ein Stück Flur sichtbar, eine Innentür mit Riffelglas, ein an die Wand gelehntes Schrankteil mit Holzlamellen, der Durchgang zum Schlafzimmer, die Bettkante. Nichts davon erscheint ungewöhnlich. Der Tatverdächtige wirkt kräftig, trägt das Haar kurz rasiert, weißes T-Shirt, blaue Latzhose. Was ihm alles durch den Kopf geht, als der Beamte ihm den Tatvorwurf vorliest, erfahren wir nicht.

»In Ihrem Beitrag schreiben Sie, dass Sie Frau Merkel ins KZ stecken würden«, zitiert der Beamte aus seinen Unterlagen. Danach beginnt das Team in Wohnräumen und Keller nach dem üblichen Beweisgut zu suchen: Computer, Laptop, Smartphones, Datenträger. Die Kamera nimmt davon nichts mehr auf. Ich habe zugesagt, nicht in Privaträumen zu filmen und alle Persönlichkeitsrechte zu beachten.

Das wird das ganze Jahr über gelten, das ich für diese Recherche eingeplant habe. Keine erkennbaren Gesichter, weder von Beamten noch von Tatverdächtigen, Beschuldigten oder Verurteilten. Auch dann nicht, wenn es sich um öffentliche Prozesstage handeln wird und Aufnahmen zulässig wären.

Selbst das müde »Ja?« unserer Türöffnerin muss der Justiziar des Norddeutschen Rundfunks erst durchwinken, bevor es in der Fernsehreportage auf die Tonspur darf. Wäre es eine Aufnahme am Telefon gewesen, ohne Wissen der Sprechenden, es wäre strafbar. Hier aber gilt es als zulässiger Zufall.

Kühne Urteile, wachsendes Ausmaß

In drei ausgewählten Bundesländern hatten Strafverfolger zugesagt, mir für dieses Projekt unter Auflagen die Akten zu öffnen. Unsere Reise zu Hetzern und Hassern wird an weitere Orte in Sachsen führen, mit Eigennamen wie Hohenstein-Ernstthal oder Limbach-Oberfrohna. Zu Beschuldigten und ihren Rechtsbeiständen im niedersächsischen Emsland zwischen Lingen und Leer. Und in großstadtferne Amtsgerichte wie in Peine, Einbeck oder Bersenbrück.

Über fleckigen Dachschindeln unweit des Mainzer Doms

sehe ich als erster Fernsehreporter einem verdeckten Ermittler des dortigen Verfassungsschutzes dabei zu, wie er die Kommunikationsnetze der regionalen Neonazi-Szene zu bunten Diagrammen kartiert, als entwerfe er Pop-Art-Tapeten. Zudem werde ich in Landeskriminalämtern und Staatsanwaltschaften auf Fachleute treffen, manche von ihnen voller Elan und Zuversicht, wie in Göttingen und Dresden, manche vorsichtig, wenn nicht sogar entmutigt, nach bitteren Erfahrungen mit einzelnen Amtsgerichten.

Tatsächlich waren es wenige aufsehenerregende Richtersprüche, die der öffentlichen Debatte um Hasskriminalität, wenn sie überhaupt geführt wurde, lange als Koordinaten dienten. Dann kam Sympathie auf für die Grünen-Politikerin Renate Künast, die im Jahr 2019 ein Urteil des Berliner Landgerichts hatte hinnehmen müssen, das nicht nur sie empörte. Darin waren Facebook-Nutzer vor Strafverfolgung geschützt worden, die sie als »Geisteskranke« oder »ein Stück Scheiße« verhöhnt hatten. Es sollte Jahre dauern, bis das Bundesverfassungsgericht die Richter rüffelte.

Pünktlich zum Bundestagswahlkampf 2021 sorgte schließlich ein Chemnitzer Urteil für Aufsehen, das ein Wahlplakat mit dem Aufdruck »Hängt die Grünen« für zulässig befand. Es hielt nur bis zur nächsten Instanz.

Aber auch die Justizkritiker erschienen nicht immer trittsicher, wenn man bedenkt, wie viel Raum nicht nur lokale Medien etwa der sogenannten »Pimmelgate-Affäre« um den Hamburger Innensenator widmeten, bevor sie für alle pennälerhaft peinlich endete. Über Wochen wurde dort der Polizei vorgehalten, dass sie auch gegen den Urheber eines Posts vorging, der den Politiker als »so ein Pimmel« verunglimpft hatte. Bis das Zitat als gesprühter Schriftzug in der ganzen Stadt auftauchte, als sei sie ein einziger Schulhof.

Das wahre Problem wuchs unterdessen im Verborgenen

weiter, bis es schließlich eine Dynamik erreichte, die es, wie ein Zeitungskollege schrieb, mit dem Omikron-Pandemievirus hätte aufnehmen können. Ende 2021 ergibt eine europaweite Umfrage, dass über 90 Prozent der jungen Erwachsenen zwischen 18 und 35 Jahren Hass und Hetze im Internet miterlebt haben. Jeder zweite von ihnen war demnach selbst betroffen.

Im Mai 2022 bestätigt das Bundeskriminalamt einen Höchststand an Straftaten mit politischem Hintergrund. Seit die Kategorie vor zwanzig Jahren eingeführt wurde, habe man dieses Niveau nicht erreicht. Über 55 000 Delikte im Vorjahr, die größten Anteile davon entweder durch rechtsgerichtete Täter verübt oder von politisch bisher nicht zu verortenden Verschwörungsfantasten, für die zuletzt eigens das Segment »verfassungsschutzrelevante Delegitimierung des Staates« eingeführt worden sei.

Die Straftaten gegen Amts- und Mandatsträger haben sich seit 2017 verdreifacht, auf nunmehr annähernd 4500. »Der Anstieg zeigt eine Verrohung und eine Verachtung von Staat und Demokratie«, sorgte sich Bundesinnenministerin Nancy Faeser bereits zu Jahresbeginn. Die Hintergründe der Taten seien »vielfältiger und auch diffuser geworden«, ergänzt sie nun. Auch Anstiege bei antisemitischen und homophoben Delikten werden gemessen. Das BKA sieht die Demokratie in Gefahr, »wenn Menschen sich nicht mehr trauen, ihre Meinung zu äußern oder ein Amt zu übernehmen«.

Dabei haben die Behörden auch jene Aktivisten vor Augen, die zuletzt im Großraum Dresden auffielen, sei es durch nächtliche Fackelaufmärsche vor Privatwohnungen von Amtsträgern, sei es durch offene Drohungen im Netz bis hin zu Mordaufrufen.

Einem der Wortführer der dortigen Extremistenszene, dem Chemnitzer Anwalt und Vorsitzenden der Splitterpartei

»Freie Sachsen«, Martin Kohlmann, werde ich auf meiner Reise ins Milieu der Hasser und Hetzer deshalb ebenfalls gegenübersitzen. Zumal es derselbe Martin Kohlmann ist, den sich unser Chemnitzer Tatverdächtiger als Rechtsbeistand aussuchte, nachdem er der Kanzlerin mutmaßlich den Tod im KZ gewünscht hatte.

Rechtsstaat bei der Arbeit

Warum diese Reise? Der Hauptgrund war mein Wunsch, Zuschauern und Lesern einmal eine ermutigendere Perspektive anzubieten, als die üblichen Alarmmeldungen dies tun. Dass Verschwörungswahn und Sprachverrohung in sozialen Medien gefährliche Ausmaße erreicht haben, wurde schon öfter berichtet. Ebenso bekannt ist, dass Big-Tech-Konzerne wie Facebook oder Twitter auf Algorithmen setzen, die Aggressionen eher schüren als mindern und den offenen Meinungsaustausch, mit dem sie werben, in absehbar polarisierte Lagerkämpfe treiben, die ihre Klick- und Verweilzahlen erhöhen und damit ihre Gewinne.

Auch die langwierigen Versuche der Bundesregierung, den Messengerdienst Telegram als Tummelplatz von Rechtsradikalen, Systemfeinden und Antisemiten zum Einhalten gesetzlicher Auflagen zu bewegen, ließen sich in der Presse verfolgen. Es gibt fundierte wissenschaftliche Analysen von Verschwörungsnarrativen, allen voran *Fake Facts* von Pia Lamberty und Katharina Nocun, politische Bestandsaufnahmen wie Matthias Quents *Deutschland rechts außen* und Erfahrungsberichte Betroffener, wie sie etwa die frühere Bundesjustizministerin Sabine Leutheusser-Schnarrenberger mit Gunna Wendt zusammentrug.

Es gibt aber auch Entwicklungen, die wir weniger wahrnehmen. Dem ARD-Film *Hass im Netz: Unterwegs mit Strafverfolgern*, der von Hausdurchsuchungen wie in Chemnitz bis zu verdeckten Online-Ermittlungen des Verfassungsschutzes den Alltag von Ermittlern abbildet, hielt der Autor und Justizexperte Ronen Steinke in der *Süddeutschen Zeitung* zugute, dass darin einmal der »Rechtsstaat at work« sichtbar geworden sei. Weil die Doku den Blick darauf gerichtet habe, »wie das juristische Instrumentarium gegen Hetzer endlich angewandt« werde. Denn das sei neu.

Genau so war der Film gemeint. Weil die Reise zu Hetzern und ihren Opfern, zu Anklägern, Verteidigern und Richtern mehr Begegnungen eröffnete, als der Film Platz bot, weil die Gespräche ausführlicher und oft intensiver waren und weil sich gerade die strittigen Gerichtsverfahren in höheren Instanzen fortsetzten, folgt auf die Fernsehdokumentation nun dieses Buch.

Es bietet zudem die Gelegenheit, auf Wahrnehmungen einzugehen, die zwar neuartig daherkommen, es aber nicht sind. Allein der Begriff »Fake News« beispielsweise, dem vor allem der abgewählte US-Präsident Donald Trump zu einer bedenklichen Popularität verholfen hat, bezeichnet nichts anderes als Lügen und Propaganda. Als solche nähren sie rasch Hass und Hetze. Anders aber, als Trump glauben machen möchte, stammen sie gerade nicht von Qualitätsmedien. Deshalb hat schon der Begriff selbst in den letzten Jahren wohl mehr vernebelt als entlarvt.

Glauben und glauben lassen

Empfindsam dafür haben mich nicht zuletzt die Korrespondentenjahre gemacht, in denen ich zuerst aus dem Fernen Osten und später aus Amerika berichtete. Nie werde ich etwa die Reisen durch Nordkorea vergessen, wo es passieren konnte, dass ich meine offiziellen Aufpasser auf schlangestehende Menschen hinwies und darum bat, sie ansprechen zu dürfen, nur um darauf unisono die Antwort zu erhalten, es seien nirgendwo Menschen zu sehen. Kaum etwas hat mich mehr irritiert, als dass mich nur drei beharrlich leugnende Begleiter schon nach Tagen dazu bringen konnten, an nahezu allem zu zweifeln, was ich gesehen hatte.

Jahre später war es der Washingtoner Medienprofessor und frühere CNN-Reporter Frank Sesno, der mir Studienergebnisse vorstellte, die ich bis heute hilfreich finde. Da ging es dann nicht mehr um die Zensurbemühungen eines Regimes, sondern um die freiwillige Selbstbeschränkung von Wählern auf eine liebgewonnene Wahrnehmung.

»Wir wissen, dass Menschen bei uns den Matratzenladen wechseln, wenn sie auf ihrem letzten Kauf schlecht schliefen«, sagte er. »Sie suchen sich auch einen anderen Wetterkanal, wenn ihnen der letzte nicht mehr zuverlässig erschien. Wir wissen aber noch nicht, ab wann sie auch ihre Wahrnehmung der Politik so mit der Wirklichkeit abgleichen. Wie weit sie längerfristig also auch da glauben, was sie glauben *müssten*. Oder doch lieber das, was sie nur glauben *wollen*.«

Tatsächlich ertappte ich mich gerade in den USA zuletzt häufiger bei der Frage, ob denn Menschen, die jeden Zugang zu allen erdenklichen Nachrichtenquellen haben, am Ende ähnlich ahnungslos sein können wie von Staatspropaganda desinformierte Nordkoreaner. Es ist verrückt: Wir könnten die bestinformierten Gesellschaften der Geschichte sein und scheinen zugleich anfälliger für Lug und Trug denn je.

Neu oder nur neu gekleidet?

Wohl kein US-Politiker hat zuletzt Filterblasen seiner Wählerschaft so sehr mit Hass genährt wie Trump. Er war es, der über Barack Obama das Gerücht streute, er habe, um Präsident werden zu können, seine amerikanische Geburtsurkunde gefälscht. Eine Lüge, die rechte US-Wähler schon glaubten, bevor mit Trumps täglichem Twitter-Sperrfeuer der Flächenbrand folgte. Der Zorn auf den Gegner ersetzte so endgültig die Argumente. Wer nicht Freund war, war nun Feind. Die Wahrheit verkam zur Loyalitätsfrage, bis zum beklemmenden Sturm der Trump-Fanatiker auf das Washingtoner Kapitol.

Doch auch die Filterblasen, in denen sich die Lager an eigenen Wahrheiten wärmen, sind nicht wirklich neu. Auch sie hießen in Vor-Twitter-Zeiten nur anders. Mal schreckten sie die Politik als auseinanderklaffende Parallelwelten auf. Mal benannten sie Soziologen als Milieus. Und beschrieben damit zunächst eine Banalität: Die Jugend dachte schon immer anders als die Eltern, Arbeitgeber anders als Gewerkschaften, das noble Westend anders als die städtischen Problembezirke, der Rest der Bundesliga meist anders als der FC-Bayern. Was also hat sich wirklich geändert?

Neu erscheint mir tatsächlich, wie dicht die digitalen Denkblasen sind. Milieus haben ihre Sprache, Zeitungen ihre Tendenz. Aber es gab immer die Chance, dass eine handwerklich gute Geschichte der *taz* am Ende auch die *FAZ* erreichte und umgekehrt. Einen Trumpisten jedoch wird keine Quelle der Welt an der eigenen Wahrheitsversion mehr zweifeln lassen. Und auch die von Kriegspropaganda getriebenen Anhänger Wladimir Putins dürften, wie wir seit dessen Überfall auf die Ukraine gelernt haben, kaum noch unabhängige Informationen erreichen.

Soziale Medien mögen in Diktaturen als alternative Nachrichtenquellen gerade jetzt noch immer hilfreich sein. In freien Gesellschaften schienen sie Denkblasen eher noch abzudichten. Für Trumpisten war dann eben auch der Oberste US-Gerichtshof, der Trumps Lüge von seiner angeblich gestohlenen Wiederwahl nicht folgte, Teil einer Verschwörung.

Wesentlich für die Tatsache, dass uns auch hierzulande solcher Verschwörungswahn derart verunsichert, scheint mir aber noch etwas anderes. Etwas, das nicht neu oder neu gekleidet hinzukam, sondern etwas, das der Mehrheit im Lande offenbar verloren ging. Etwas, das wir an jenem Septembermorgen in dem Chemnitzer Mietshaus miterleben konnten: Routine.

Die Routine im Umgang mit Straftaten. Die Routine des Rechtsstaats. Routine gegenüber Propaganda, Lügnern und Sektierern, die sich von keiner Vernunft der Welt mehr überzeugen lassen.

In Zeiten, in denen selbst Wirrköpfe Gehör finden, die unsere Erde wieder für eine Scheibe halten, in denen sich die wohlmeinende gesellschaftliche Mehrheit angewöhnt hat, für jedes Fehlverhalten zuerst die Verantwortung bei sich selbst zu suchen, und in denen im UNO-Sicherheitsrat noch die bittersten Gewissheiten über Kriegsgräuel durch ein Veto der Tätermacht in Abrede gestellt werden, in solchen Zeiten schien mir dieser Blickwinkel hilfreich.

Da im Berufsalltag von Polizei und Justiz bekanntermaßen auch böswillige Menschen vorkommen, hatten Ermittler, Ankläger und Richter notorischen Konsensromantikern den nüchternen Blick auf die reale Welt schon immer voraus. Warum also nicht deren Sicht einmal teilen, anstatt noch angesichts des abwegigsten Irrlichts vor gesellschaftlicher Spaltung zu warnen? Allemal dann, wenn gerade dank aufmerksamer Strafverfolger tatsächlich am Ende das Gute gewinnt.

Der freiheitliche, aber wehrhafte Rechtsstaat nämlich. Der »Rechtsstaat at work«.

Wann haben wir diese Routine bloß verloren? Niemand kam am Zeitungskiosk, wo nicht nur *taz* und *FAZ* auslagen, zu dem Schluss, dass er als Leser etwas falsch machte, nur weil andere den *Bayernkurier* bevorzugten, die *Junge Welt* oder den *Wachtturm*. Niemand sorgte sich über Gebühr vor Sekten. Auch weiß man seit Jahren, dass das Leugnen des Holocaust unter Strafe steht, ohne dass deshalb jemand ernsthaft elitäre Bevormundung beklagte.

Bei all dem gab es Routine. Im digitalen Raum aber, den die dafür viel belächelte Kanzlerin einmal »Neuland« nannte, gibt es sie bis heute nicht. Zu jeder noch so kruden angeblichen Weltverschwörung gesellt sich dort nicht nur absehbar eine anfällige Anhängerschaft, sondern auch die wohlwollende Mahnung Dritter, man solle doch auch jene Netznutzer ernst nehmen, dürfe sie nicht ausgrenzen und müsse vielmehr klären, warum sie sich offenbar abgehängt und vernachlässigt fühlten. Keinen freiheitlichen Rechtsstaat würden wir als solchen anzweifeln, weil er Straftaten ahndet und Haftanstalten unterhält. Im Netz dagegen ist noch immer die Annahme verbreitet, allein zügellose Anarchie garantiere hinreichend Freiheit. Gut möglich also, dass die scheidende Kanzlerin so falsch gar nicht lag.

Alarmismus statt Analyse?

Auch die bemerkenswerte Karriere, derer sich eben die Metapher von der angeblich gespaltenen Gesellschaft zuletzt in Titelzeilen und Talkrunden erfreute, scheint mir eine Folge dieses Routine-Verlustes. Schon in Obamas erstem Amtsjahr fiel mir auf, wie gern manche Berichterstatter auf das Bild zurückgriffen, um ja dem Vorwurf zu entgehen, sie seien nicht neutral. Mochte der neue US-Präsident noch so skandalfrei und um Aufrichtigkeit bemüht die Supermacht führen: Der Vorwurf, er sei elitär und seine Politik spalte das Land, verhalf zur gefühlt ausgewogenen Berichterstattung.

Mit Blick auf das amerikanische Zwei-Parteien-System mag dies als Wahrnehmung noch erklärlich sein. Inzwischen vergeht aber auch hierzulande kaum ein Nachrichtentag, ohne dass Lobbyisten, Verbandsfunktionäre und auch die Berichtenden selbst vor verhängnisvollen Aufspaltungen warnen, ganz so, als trenne eine mittig sichtbare Kerbe mindestens die Nation.

Da aber in Demokratien Gesetze selten einstimmig auf den Weg gebracht werden, hätten nach gleicher Logik auch die Gurtpflicht in Autos und die Helmpflicht für Mopedfahrer Deutschland gespalten. Lehrer müssten im Geografieunterricht auch eben die These würdigen, wonach die Erde eine Scheibe sei. Und Björn Höcke säße wieder in Talkshows.

Glücklicherweise verloren sich weder die junge Dresdner Staatsanwältin in derlei Selbstzweifeln noch ihre Ermittler-Kollegen in Göttingen und Mainz, die ich besuchte. Stattdessen machen sie sich Tag für Tag an ihre Arbeit, um geltenden Gesetzen Achtung zu verschaffen. Ebenso wie die Chemnitzer LKA-Beamten, die an jenem Morgen ihrem Mitbürger, der den Zeiten des Führers nachtrauert, den Volksverhetzungsparagrafen darlegen. Und der Ermittlungsrichter, der dem zuvor stattgegeben hat.

Deren Perspektive einzunehmen, ja in der verunsicherten Öffentlichkeit dafür zu werben, schließt kritische Distanz und die Selbstverpflichtung zur Nachfrage nicht aus, im Gegenteil. Genau deshalb bin ich Reporter geworden: weil ich fand, dass es in der Welt mehr Fragen als Antworten gibt.

Da lag es nahe, lieber die Fragen zu stellen. Und das tue ich denn auch, in allen Gesprächen dieser Reise.

Coolness gegen Überhitzung

Dass ich als Journalist derart gute Zugänge zur Justiz erhielt, hatte ich nicht wirklich erwartet. Üblicherweise lehnen Strafverfolger Presseanfragen mit knapper Begründung ab. Laufende Ermittlungen, Persönlichkeitsschutz, Vorbehalte der Dienstvorgesetzten.

Hier aber zeigte sich in Vorgesprächen bald, dass die teils neuen Ermittlungseinheiten das gleiche Ziel hatten wie ich: Aufklärung und Prävention in einer bisher vernachlässigten Umgebung. Die Täter sollen lernen, dass Rassenhass und Hetze, Verleumdungen und Drohungen nicht nur draußen auf dem echten Marktplatz bestraft werden, sobald sich dafür Zeugen und Belege finden, sondern auch in ihrer digitalen Zweitwelt.

Mein Eindruck während dieser Reise wuchs, dass nach den Anklägern auch die Richterschaft sich erkennbar um einen klaren Kurs bemüht. Jedenfalls reichte die Zeit, die ich in Justizkreisen für Film und Buch unterwegs war, nicht nur für eine erkennbare Kehrtwende in einem maßgeblichen Fall. Von der ersten amtsrichterlichen Auslegung, wonach ein Netzwerknutzer, der einem Menschen eine Kugel ins Hirn wünscht, auch ein friedfertiges Wachrütteln gemeint haben könnte, bis zur rechtskräftigen Klarstellung, dass Kopfschüsse Menschen gemeinhin töten. Mehr Klartext im Gerichtssaal geht nicht.

Auch sollte ich die Wandlung eines Generalstaatsanwaltes miterleben, der in unserem ersten Treffen noch zur Zurückhaltung mahnt, damit Rechtsradikale nicht auch noch bedenkliche Siege im Gerichtssaal davontrügen. Und schon mehrere Monate und zwei Todesfälle später öffentlich ankündigt, künftig auch schon simple »Likes« unter Mordaufrufen zur Anklage zu bringen.

1
Sachsens Rekordschreiber
Das Gesetz gegen Hass im Netz zeigt Wirkung

Als ich im Gebäudekomplex der Dresdner Generalstaatsanwaltschaft und des benachbarten Landeskriminalamts im Frühjahr 2021 die Strafverfolgerin Nicole Geisler erstmals zum Interview treffe, liegt der sächsische Landesrekord in Sachen Hetze bei zwei prall gefüllten Leitz-Ordnern. Darin hat die Ermittlerin die mutmaßlich strafbaren Online-Zitate eines einzigen Nutzers abgelegt, viele davon rot gerahmt, mit Datum, Uhrzeit und Quellen, von der Chatgruppe »Der Islam gehört niemals zu Deutschland & Europa« bis zur Nutzerrunde »Deutsche Freunde Wladimir Putins«.

Der beschuldigte Vielschreiber verfasste beispielsweise am 24. März 2017 um 18:45 Uhr innerhalb der Gruppe »Unser Deutschland patriotisch & frei« den Facebook-Kommentar über Migranten: »Es sind Neandertaler Stinkent faul. Abschaum der Menschheit.« Da die Ermittlungsakten Zitate originalgetreu einschließlich Tipp- und Grammatikfehler wiedergeben, fällt beim Lesen schon mal auf, wie freihändig die Patrioten mit deutschen Rechtschreibregeln umgehen. Um die Abschriften anzufertigen, schalten Beamte oft eigens die Korrektursoftware ab.

Seit einem knappen Jahr ist Staatsanwältin Geisler die Ansprechperson für netzbasierte Hasskriminalität in Sachsen. Gut für uns: Sie spricht fließend juristisch und dennoch allgemeinverständlich. Wer versucht ist, sie wegen ihrer Stimme und Statur als jugendlich wahrzunehmen, korrigiert das, sobald sie die Aktenwälzer ihres Tatverdächtigen auf den Besprechungstisch knallt.

»Das Ermittlungsverfahren steht kurz vor dem Abschluss«, erklärt sie mir lächelnd den Sachstand. »Der Beschuldigte wurde eindeutig als Tatverdächtiger identifiziert. Ich beantrage jetzt einen Strafbefehl beim zuständigen Richter.«

Kurz darauf verlässt das Papier ihren Drucker. Sitz des Amtsgerichts, dem der Strafbefehl zunächst zugeht, ist die Kleinstadt Hohenstein-Ernstthal, eine gute Autostunde entfernt. Unter dem Aktenzeichen Cs 382 Js 21/20 reichen die Tatvorwürfe von Aufforderung zu Straftaten nach Paragraf 111 bis zu Volksverhetzung nach Paragraf 130 des Strafgesetzbuches. Als Strafhöhe hat die Staatsanwältin 130 Tagessätze angesetzt. Bei 25 Euro Tageseinkommen des Tatverdächtigen wären das 3250 Euro. Wenn das Amtsgericht zustimmt.

Aufgefallen war der 64-Jährige durch einen Hasskommentar, der dem flüchtlingsfreundlichen hessischen Landespolitiker Walter Lübcke galt, als dieser noch lebte. »Erschlagen, den Verbrecher«, polterte der Facebook-Nutzer von seinem Wohnzimmer aus. Er war damals nicht der Einzige, der mit Mordfantasien gegen den Kasseler Regierungspräsidenten hetzte, seit dieser die Asylpolitik der Kanzlerin offen befürwortet hatte. Die rechten Netz-Foren waren voll davon. Im Sommer 2019 fand sich denn auch ein Vollstrecker all der Aufrufe, der Lübcke vor dessen Wohnhaus regelrecht hinrichtete, per Kopfschuss aus nächster Nähe.

Für das Bundeskriminalamt war das Attentat Anlass, die

sozialen Medien rückblickend nach Rataufforderungen zu durchkämmen, nun, da nach den zahlreichen Übergriffen, die das Land schon zuvor erschüttert hatten, erstmals ein Politikermord gefolgt war. Und damit, für die Öffentlichkeit klarer als je zuvor, eine erschreckend sichtbare Tat auf viele lesbare Worte. An einem sogenannten Aktionstag gegen Hasskriminalität im Netz, den das BKA von da an jährlich durchführen sollte, verfing sich so auch der Vielschreiber aus dem sächsischen Limbach-Oberfrohna im Suchraster der Wiesbadener Fahnder.

Menschen und Muslime

»Die Auslesung des Laptops, den wir bei der Hausdurchsuchung sicherstellten, hat dann über dreihundert weitere strafrechtlich relevante Hasskommentare ans Licht gebracht«, erklärt uns die Staatsanwältin, während sie die Akte durchblättert. Fotos, die das Polizei-Team am Durchsuchungsort aufnahm, zeigen den aufgeklappten Computer auf dem Wohnzimmertisch, das gesicherte »Mobiltelefon der Marke ›emporia‹«, Fernseher, Schrankwand, Polstersessel. Ein Schauplatz, wie er sich unter deutschen Dächern millionenfach findet.

»Es hat sich dann zudem herausgestellt, dass die Hasskommentare zu jeder Uhrzeit abgesetzt worden waren«, fährt die Strafverfolgerin fort, »sowohl früh am Morgen als auch am Nachmittag, am Abend und in der Nachtzeit.«

Weitere rotgerahmte Zitate erlauben Einblicke in die Gedankenwelt des Beschuldigten. Über Migranten schrieb er im April 2017 beim Morgenkaffee die vernichtende Zeile: »Keine Menschen, Muslime eben«. Am 11. Februar 2018 fand er um 01:56 Uhr in der Chat-Gruppe »Gegen die Islamisierung

Deutschlands«, dass »Deutsche vor den Schutzsuchenden« selbst »Schutz suchen müssen«.

Zwei Tage später fügte er in der Facebook-Gruppe »Gegen die Islamisierung Deutschlands« hinzu: »Das ist eine von den zwei Sachen die ein Muslim super kann. Jammern und Weltweit Terror verbreiten. Was für ne kranke Bagage«. Unter einem Foto, das die AfD verbreitet hatte, forderte er, der »Staatsschutz sollte also gegen unsere Irren Politiker ermitteln.« Minuten später dann, in der Gruppe »Sei schlau, wähle blau. AfD wirkt«, klagte er, die »Polizei traut sich nichts mehr gegen diesen Abschaum zu unternehmen«.

Wie im Strafrecht vorgesehen gab Staatsanwältin Geisler dem Beschuldigten Gelegenheit, sich zu den Ermittlungsergebnissen zu äußern. »Ich habe ihm umfassend dargelegt, um welche Kommentare und Tatvorwürfe es geht«, sagt sie, »und ihm mitgeteilt, dass er darauf innerhalb von zwei bis drei Wochen antworten könne.«

Tatsächlich enthält die Akte einen danach eingegangenen handschriftlichen Brief, in dem sich der Schreiber, wie sie zitiert, »erschrocken« über sich selbst gezeigt habe. »Ich bin schockiert darüber«, liest sie vor, »was ich für einen Scheiß verzapft habe.« Er habe sich wohl »mit zu vielen falschen Gruppen im Netz reinsteigern lassen«, entschuldigte er sich. Und kündigte an, er werde »nichts schönreden« und auch keinen »Anwalt mit meiner Blödheit belasten«.

Ob die Reue echt ist oder nur vorgespielt, um das Strafmaß zu senken, mag die Staatsanwältin nicht deuten. Dass ein Täter persönlich antworte, sei allerdings ungewöhnlich, sagt sie uns.

»In meinem Alltag kommt es eher vor, dass sich die Personen nicht äußern. Oder sich in der Tat einen Anwalt nehmen, der dann Akteneinsicht beantragt und entweder eine juristische Einlassung verfasst oder sich gar nicht zu den Tatvorwürfen äußert und es gleich auf eine Hauptverhandlung ankommen lässt.«

Um mehr von dem Beschuldigten zu erfahren, sowohl über seine Zeit als Vielkommentierer in rechten Chatgruppen als auch über seine vorgebliche Reue, bitte ich die Staatsanwältin, ihm eine Nachricht zu übermitteln. Darin schlage ich ihm vor, dass er auch mir schildert, wie es zu alldem kam. Vielleicht wolle er ja die Gelegenheit nutzen, auch andere von Straftaten abzuhalten, deren Verfolgung das Gesetz gegen Internet-Hetze nun leichter macht. Anonymität vor der Kamera sichere ich zu. Womöglich, deute ich an, wirke sich ein solcher Appell an seine alten Chat-Gefährten für ihn sogar noch strafmildernd aus.

Gesetz mit Stolperstart

Die jährlichen Aktionstage des Bundeskriminalamts beginnen etwa zeitgleich mit den Bemühungen des Bundestages, den Kampf gegen Hass und Hetze im Netz auch als Gesetzgeber zu flankieren. Unter dem sperrigen Namen »Netzwerkdurchsetzungsgesetz« bringt das Parlament von Oktober 2017 an mehrere Beschlüsse auf den Weg, alle mit dem Ziel, strafbare Inhalte, darunter auch Falschnachrichten, auf den Plattformen sozialer Netzwerke wirksamer zu bekämpfen als bisher.

Die Tatbestände, um die es geht, reichen wie im Falle des sächsischen Beschuldigten von Verleumdung und Beleidigung bis zu Volksverhetzung und öffentlicher Aufforderung zu Straftaten. Vor allem Kommunalpolitiker will das Parlament besser vor Übergriffen schützen. Herabwürdigungen und Drohungen im Netz soll das Gesetzespaket künftig sogar schärfer ahnden als etwa in herkömmlichen Briefen, da

Inhalte im Netz länger auffindbar blieben und geteilt werden könnten.

Auch sollen die Betreiber sozialer Netzwerke endlich gezwungen werden, sich um Nutzerbeschwerden zu kümmern und den Aufsichtsbehörden dafür sogenannte Zustellungsbevollmächtigte im Inland zu nennen. Bei Verstößen gegen die Auflagen drohen Bußgelder bis zu 50 Millionen Euro. Zahlreiche Bundesländer richten für Ermittlungen im Zuge des Gesetzes Sonderstaatsanwaltschaften ein.

Von Februar 2022 an müssen Plattformbetreiber mutmaßlich strafbare Inhalte zudem nicht mehr nur löschen, sondern mitsamt der IP-Adresse an eine neue Zentralstelle beim Bundeskriminalamt melden. Dieses soll dann die Beschuldigten identifizieren und die Daten an Strafverfolger in den Bundesländern weiterreichen, zumindest solange kein Kläger diese Praxis stoppt. Das Landeskriminalamt Mainz hält so pro Jahr bundesweit 250 000 Meldungen für möglich.

Dass die Pläne teilweise auf eine hartnäckige Wirklichkeit treffen, offenbart sich schon, als aus dem Messengerdienst Telegram Hassnachrichten bekannt werden, die bis zu neuen Mordaufrufen gegen Politiker reichen.

Telegram-Nutzer frohlocken dazu mit Kommentaren wie »Brutal muss sein«.

Verfassungsschützer sprechen von hemmungslosen Gewaltfantasien, die exzessiv zugenommen hätten. Im April nehmen Fahnder in mehreren Bundesländern Beschuldigte fest, die via Telegram Waffenkäufe, Anschläge auf die Stromversorgung, die Entführung des Bundesgesundheitsministers und eine Übernahme der Regierung geplant hätten. Der »Querdenker«-Wortführer Attila Hildmann, der sich vor den Fahndern ins Ausland abgesetzt hat, spendete bei solchen Anlässen lange in demselben Netzwerk Beifall, bevor der Dienst dessen Accounts sperrte.

Ermittler wie Staatsanwältin Geisler müssen zunächst ohne Auskünfte der Plattformbetreiber auskommen. Formal gilt der Messengerdienst Telegram anfangs noch nicht als öffentliches Netzwerk, im Unterschied zu Facebook, Twitter oder Youtube. Dabei tauschen sich in rechtsextremen Telegram-Gruppen wie »Tag X Deutschland« längst auch dort Tausende Mitglieder aus. Allein der Kanal der rechten Splitterpartei »Freie Sachsen« kommt da schon auf fünfstellige Follower-Zahlen.

Größere Konzerne wie Facebook gehen unterdessen selbst gegen das Gesetz vor und reagieren mit Klagen. Sie reklamieren ein Schutzbedürfnis ihrer Nutzer. Tatsächlich fürchten sie um ihre Gewinne, falls sie Kunden verlieren.

Mit ihren Bedenken standen sie jedoch schon zuvor nicht allein. Auch der Bundespräsident hatte vom Bundesrat Nachbesserungen des Gesetzes verlangt. Er hielt für bedenklich, dass die Plattformen dem BKA Nutzerdaten zuleiten sollten, ohne dass ein Anfangsverdacht juristisch geprüft sei.

Vorschläge, wonach verdächtige Inhalte zunächst anonymisiert gemeldet werden könnten, fanden im Parlamentsausschuss jedoch keine Mehrheit. Die grüne Abgeordnete Renate Künast, damals selbst noch Leidtragende der Auskunftssperre von Facebook, prophezeite sogar, die Meldepflicht werde langfristig scheitern.

Im April 2022 schließlich setzte die Europäische Union einen Meilenstein im internationalen Bemühen, das Internet zu regulieren.

»Wir haben eine Einigung über den Digital Service Act«, meldete die EU-Kartellamtschefin sinnigerweise über Twitter, als tief in der Nacht die Entscheidung gefallen war. Damit werde sichergestellt, »dass das, was offline illegal ist, auch online als illegal angesehen und behandelt wird.« Auch Kriegspropaganda, Lügen, Hass und Hetze müssten in der EU nunmehr schneller gelöscht werden. Das deutsche Gesetz wird demnach in Teilen vom EU-Recht abgelöst.

Selbst in den USA hatten manche auf die EU als Vorreiter gehofft.

»Tech-Plattformen müssen akzeptieren, dass sie eine einzigartige Rolle dabei spielen, wie wir auf der ganzen Welt Informationen konsumieren, und dass ihre Entscheidungen einen Einfluss auf jeden Aspekt unserer Gesellschaft haben«, forderte etwa der ehemalige US-Präsident Obama und sprach von einem »ständigen Strom von Galle und Hass«, der dort zu finden sei. Die großen Plattformen müssten »einer gewissen öffentlichen Aufsicht unterworfen werden.« Schon bald darauf mussten die Regulierungsbefürworter freilich mit einem neuen machtbewussten Gegenspieler rechnen, als der geschäftige Multimilliardär Elon Musk sein Kaufinteresse an Twitter publik machte. Der gab zwar zunächst Sympathie für die EU-Regeln vor, kündigte aber zugleich an, den gesperrten Account Donald Trumps wieder zuzulassen. Dessen Ausschluss, den auch ein US-Gericht als rechtens ansah, sei »moralisch falsch« gewesen.

Auch Medien und Bürger melden

Was das deutsche Gesetz gegen Hass im Netz mit früh erkennbarem Erfolg eingeführt hat, ist eine enge Kooperation der Ermittler sowohl mit örtlichen Medien als auch mit den Bürgern selbst. Vielerorts können diese über neu eingerichtete Online-Portale mutmaßlich strafbare Inhalte bei der Polizei anzeigen. Für den Sommer 2021 verabrede ich deshalb mit dem Dresdner LKA, dass die Ermittlerteams uns ihre ersten Erfahrungen mit dem dortigen Bürgerportal schildern.

Als Beispiele für die Zusammenarbeit mit lokalen Medien

hat Staatsanwältin Geisler ähnlich drastische Fälle wie den des Vielschreibers parat. Im Dienstcomputer ruft sie einen Kommentar auf, den das Nachrichtenportal *Tag24* den Fahndern durchgereicht hat. Darin schreibt ein 48-jähriger Portalnutzer aus dem Erzgebirgskreis zum Unfalltod eines syrischen Jungen: »Einer weniger.« Und: »Nur ein toter Ausländer ist ein guter Ausländer.« Das Amtsgericht Aue wird den Inhalt unter dem Aktenzeichen 382 Js 12/21 später als Volksverhetzung ahnden. Strafmaß 90 Tagessätze zu je 30 Euro.

In den Dresdner Ermittlungsakten finden sich indes auch Frauen. So ließ eine 42-Jährige aus dem Raum Bautzen ihrem Unmut über die Impf-Appelle der Politik freien Lauf, nicht ohne zu historischen Vergleichen zu greifen, die »Querdenker« bekanntermaßen für originell halten. »Die Judenverfolgung war glaube fast n scheoßdreck gegen die momentane coronaleugnerhetze!!«, wetterte sie laut Originalabschrift. »Man möchte im strahl kotzen.«

Im Gegensatz zu dem Beschuldigten aus Limbach-Oberfrohna nahm sich die Beschuldigte einen Anwalt, dessen Schriftsatz nicht lange auf sich warten ließ. »Darin führte er aus, dass der fragliche Kommentar mit einem sogenannten Familienhandy abgesetzt worden sei«, berichtet die Staatsanwältin. »Und dass dieses Handy von mehreren Familienmitgliedern genutzt würde.«

Das strategische Ziel des Anwalts war offensichtlich. Da der Beschuldigten die Tat nicht hinreichend nachzuweisen sein würde, so seine Hoffnung, würden die Strafverfolger das Verfahren einstellen müssen.

»Das lag auch in der Tat nahe«, räumt die Ermittlerin ein. Was Anwalt und Beschuldigte indes unterschätzt hatten, war Nicole Geislers Entschlossenheit. »Anstatt das Ermittlungsverfahren abzuschließen«, erzählt sie weiter, »habe ich beim Ermittlungsrichter einen Durchsuchungsbeschluss beantragt, um so die Täterschaft zu klären.« Den habe sie auch bekommen.

Auch gegen den Durchsuchungsbeschluss geht der Anwalt später vor, mit dem Verweis, dieser sei in einem solchen Fall unangemessen. Und auch damit wird der Verteidiger scheitern, denn das zuständige Landgericht wird als Beschwerdeinstanz der Staatsanwältin recht geben.

All das wird Nicole Geisler binnen Jahresfrist erreichen. Und damit den Beleg dafür liefern, dass sowohl Ankläger als auch Amtsgerichte in Sachsen offen dafür sind, die Grenze zwischen Meinungsfreiheit einerseits und Äußerungsdelikten wie Volksverhetzung andererseits künftig deutlich schärfer zu markieren als bisher.

Auch die Täterin aus dem Raum Bautzen wird am Ende wohl noch einmal »im Strahl kotzen«: als sie erfährt, dass zu ihrem Strafbefehl über 2700 Euro auch noch die Anwaltskosten hinzukommen.

Wirkt das neue Gesetz also wie beabsichtigt? Und wen trifft es zuerst?

»Ich sehe sehr häufig Hasskommentare von Personen, die noch nicht strafrechtlich aufgefallen sind«, schildert mir die Ermittlerin. »Das ist die überwiegende Zahl der Fälle. Und in diesen Fällen beabsichtige ich mit einem Strafbefehl, also mit einer moderaten Geldstrafe ohne öffentliche Gerichtsverhandlung, eine rechtskräftige Entscheidung zu erzielen.« In aller Regel gelinge das.

»Heißt das, die typischen Täterinnen und Täter sind eher diejenigen, die völlig verwundert sind, wenn morgens um sechs das LKA in der Tür steht?«, frage ich.

»Es ist auf jeden Fall mein Eindruck, dass einige doch unterschätzen, wie leicht sie ermittelbar sind«, sagt die Staatsanwältin. »Nach wie vor glauben offenbar viele Menschen, dass sie anonym im Internet unterwegs sein können und dass es sich mehr oder weniger um einen rechtsfreien Raum handelt. Das ist aber ein Trugschluss.«

Strafbare Hasskommentare im Netz würden ermittelt, es würden Tatverdächtige identifiziert und Ermittlungsverfahren eingeleitet und auch erfolgreich abgeschlossen.

Ein wesentliches Ziel bleibe unterdessen, die Bevölkerung zu sensibilisieren, dass das Internet kein rechtsfreier Raum sei. »Jeder hat natürlich das Recht auf freie Meinungsäußerung«, sagt Nicole Geisler. »Aber jeder trägt auch hier die Verantwortung dafür, sich vorher zu überlegen, was er wem gegenüber äußert.«

Wortlos am Gartentor

Der Rest ist schnell erzählt. Auf der Facebook-Seite des reumütigen Rekordhalters ist es tatsächlich ruhiger geworden. Sein Titelbild zeigt ihn im selben Wohnzimmer, das ich aus den Ermittlungsakten kenne, nur hier mit zwei rot bemützten Gartenzwergen vor sich, einer hockend, der andere als lustiger Motorradfahrer mit Sonnenbrille. Auf dem Sofa der lächelnde Hausherr, schütteres Haupthaar, Walrossbart, sichtbar beleibt. Zur Linken steht der volle Kaffeebecher, die Rechte umarmt den treuen Hund. Im runden Profilfoto blicken beide sogar innig Hand und Pfote haltend den Betrachter an.

Als auch ich schließlich die Adresse ausfindig gemacht habe, ist es denn auch dieser Hund, der mir bei meinem Besuch am Ortsrand der Gemeinde Limbach-Oberfrohna zuerst entgegenkommt, er immerhin sichtbar erfreut, nachdem ich am Gartentor geläutet habe.

»Ja, du bist ein Guter«, rufe ich über den Zaun. »Aber nun hol doch mal Herrchen!«

Als kurz darauf auch der Besitzer erscheint, frage ich ihn,

ob ich noch mit einer Antwort auf meine Nachricht rechnen könne, die ich ihm hatte zukommen lassen. Da winkt er nur ab und geht direkt zurück ins Haus.

Nur kurz habe ich den Eindruck, er schiebe noch eine Antwort nach. Aber er rief nur seinen Hund.

2

Wenn der Anwalt selber hetzt
Milieubesuch in Chemnitz

Es war schon hell, als der Chemnitzer Tatverdächtige nach der morgendlichen Durchsuchung seine Kellertür wieder absperrte und zusah, wie die Beamten mit den beschlagnahmten Beweismitteln das Mietshaus verließen. Er blieb weitgehend schweigsam.

Von Sachsens Landeskriminalamt erfuhr ich bald darauf, dass er sich einen Rechtsbeistand besorgt habe. Der Anwalt, den er wählte, ist in der rechtsradikalen Szene der Region kein Unbekannter: Martin Kohlmann, im Hauptberuf Anwalt mit Schwerpunkt Strafrecht und Äußerungsdelikte, daneben Politiker, Aktivist und Chef der ultrarechten Kleinpartei »Freie Sachsen«. Sinnigerweise sieht er sich auch selbst gerade mit einem erstinstanzlichen Urteil wegen Volksverhetzung konfrontiert, dem er widersprochen hat. »Einer der schlimmsten Scharfmacher in Sachsen, er hat sich immer mehr radikalisiert«, stimmte mich ein fachkundiger Kollege ein, der sich seit Jahren mit dem Milieu befasst. Das vereinbarte Interview in Kohlmanns Kanzlei versprach also eine herausfordernde Begegnung zu werden.

Zwar erwiesen sich die formalen Absprachen als unproblematisch, wenn nicht vertrauensvoll: Mail an die Kanzlei, Vorstellung des Anliegens, Antwort des Mitarbeiters, Terminvorschläge, nähere Absprachen mit Uhrzeit, sobald ich wieder in der Region wäre. Andererseits waren da die Auftritte und Bilder, die ich im Archiv fand: beklemmende Szenen, verstörende Sätze, warnende Einschätzungen der Sicherheitsbehörden.

Das Landesamt für Verfassungsschutz beobachtet Kohlmann seit Jahren als Aktivisten am rechten politischen Rand. Auch der Mitarbeiter, mit dem ich den Termin absprach, ist dort nicht unbekannt. Bevor ihn Kohlmann in seine Chemnitzer Kanzlei holte, war er in Nordrhein-Westfalen durch Nähe zu Neonazis aufgefallen.

Kohlmann selbst begann seine politische Laufbahn bei der Partei der Republikaner, zu deren Landesvorsitzender er in Sachsen aufstieg, später zog er für die Initiative »Pro Chemnitz« in den dortigen Stadtrat. Zuletzt gründete er die Partei »Freie Sachsen« und führt sie seither als Vorsitzender. In Faltblättern, die ich im Kanzleiflur später durchblättern werde, umwirbt deren »Arbeitsgruppe Gesundheit« vorzugsweise Impfgegner. Und setzt Geimpfte schon mal mit Drogenabhängigen gleich, mit »verlockenden Aussichten, dauerhaft an der Nadel zu hängen«. Insbesondere die Impfung Jugendlicher sei »nicht medizinisch richtig«, sondern allein »von Politikern gewollt«.

Zu den Aufnahmen, die ich mir für das Interview zurechtlege, gehört ein denkwürdiger Auftritt Kohlmanns im August 2018.

Nach dem Tod eines 35-jährigen Deutsch-Kubaners durch Messerstiche und Festnahmen dreier Tatverdächtiger aus Syrien und dem Irak hatten sich in Chemnitz rechte Randalierer zu Hetzjagden auf Flüchtlinge und Migranten aufgemacht. Videoaufnahmen, die aufgeheizte Gruppen zeigten, begleitet von Rufen wie »Das ist unsere Stadt!«, »Kanacken!«

und »Elendes Viehzeug!«, sorgten bundesweit für Aufsehen und Empörung.

In Chemnitz selbst fand Kohlmann tags darauf vor rechten Demonstranten wohlwollendere Worte. »Was gestern Nachmittag hier passiert ist«, rief er ins Mikrofon, »das war keine Selbstjustiz, das war Selbstverteidigung!« Seine Ansprache schloss er mit einer vieldeutigen Forderung. »Die nächste Wende muss erheblich gründlicher werden«, formulierte er, was bei den Zuhörern stakkatoartige Sprechchöre auslöste. »Ausmisten! Ausmisten!«, johlten sie zwischen Deutschlandfahnen, die Arme mit gespreizten Fingern zum Szene-Gruß erhoben.

Meister der Andeutung

Beim Sichten kommen mir Erinnerungen in den Sinn aus der Frühphase eben jener Republikaner-Partei, der Kohlmann einst beigetreten war. Auch ihr Bundesvorsitzender Franz Schönhuber war ein Meister der Andeutungen, die seine Wähler stets in ihrem Sinne zu verstehen wussten. Als junger Volontär im Bonner Hauptstadtstudio berichtete ich über einen Auftritt Schönhubers im benachbarten Bad Godesberg. Bis heute sind mir davon die Worte im Gedächtnis geblieben, die er über den damaligen Vorsitzenden der Jüdischen Gemeinde Deutschlands in die Menge rief. »Keiner kann von mir verlangen, Herrn Galinski zu mögen«, sagte er genüsslich. Der Beifall kam wie eingeplant. Auch jeder Antisemit fand sich in dem Satz wieder.

Später, in Amerika, erklärten mir einheimische Korrespondentenkollegen, dass sie solche rhetorischen Kniffe Hundepfeifen nannten. Denn wie deren hochtönige Signale fielen die so verpackten Botschaften unbedarften Zuhörern gar nicht auf. Den Hunden aber, für die sie gedacht seien, dafür umso verlässlicher.

Auch etwas, das gar nicht gesagt wurde, konnte in der Branche als Hundepfeife durchgehen. In einer Wahlkampf-Kundgebung des republikanischen Präsidentschaftsbewerbers Mitt Romney etwa, die ich im umkämpften Bundesstaat Ohio besuchte, fragte ein Zuhörer den Kandidaten, ob er denn als US-Präsident das Recht jeden Bürgers auf eigene Waffen weiter schützen werde. Und fügte bedeutungsschwer hinzu: »Damit wir uns gegen einen Tyrannen wehren können, wie er derzeit im Weißen Haus sitzt.« Gemeint war der an der Republikanerbasis verhasste Obama. Romney widersprach dem nicht. Und versicherte dem Mann, am Waffenrecht würde er nichts ändern.

Vier Jahre zuvor hatte Obamas konservativer Gegner John McCain noch betont, dass beide Politiker zwar leidenschaftlich um das bessere Programm stritten, sich aber als konkurrierende Politiker auch respektierten. Zweifellos hätte er dem Fragenden ebenfalls versichert, dass er am Waffenrecht nicht rütteln würde. Dem Eindruck aber, dass er gegen einen Tyrannen Wahlkampf führe, hätte er widersprochen. Schon eine Wahl später indes galt im rechten, vom täglichen *Fox News*-Getrommel erhitzten Lager so viel Anstand als Verrat.

Und schließlich war da der kalkuliert doppeldeutige Satz des Thüringer AfD-Vorsitzenden Björn Höcke, das Holocaust-Mahnmal in Berlin sei »ein Denkmal der Schande«, was das Parteilager, das er anführt, keineswegs so deuten musste, dass die Deutschen zu ihrer historischen Verantwortung für jene Gräueltaten stehen sollten. Es ließ sich auch so verstehen, als sei die Mahnung selbst die Schande.

Hetzjagd und Hundepfeife

Es ist ein feuchtkalter Herbsttag, als ich in Chemnitz auf den freistehenden Altbau zulaufe, dessen Türschild auf Kohlmanns Kanzlei hinweist. Das Haus ist kein Schmuckstück. Viele Räume scheinen leer zu stehen. Durch trübe Scheiben im Erdgeschoss ist ein Stammtisch erkennbar, mit Wimpel der »Freien Sachsen«. Die schmutzig braune Fassade wirkt wie mit Tarnfarben bemalt, bei näherem Hinsehen hält man auch Folgen geworfener Farbbeutel für möglich.

Die vereinbarte Uhrzeit am frühen Nachmittag verstreicht. Kohlmann vertritt seit dem Morgen im Dresdner Landgericht die Nebenkläger in einem Prozess gegen militante Antifa-Gruppen, der sich länger hinzieht als angenommen. Dazu kommt noch seine Fahrzeit bis nach Chemnitz.

Auch ich war den Vormittag über in Dresden, um im LKA den Fortgang meiner Beispielfälle zu verfolgen. Die Chemnitzer Verabredung hatte ich im Kalender noch hinzugepackt. Der letzte Zug, so der Zeitplan, sollte mich dann über Leipzig nach Hamburg bringen.

Als mein Team vor Kohlmanns Schreibtisch Kamera und Licht aufbaut, dämmert es vor den Fenstern schon. Im Nebenzimmer hören wir abfälliges Getuschel über »die von der ARD«.

So aufmerksam, wie wir die Kanzlei betrachten, beäugt das Personal offenbar auch uns.

»Das ging ja recht schnell mit dem Mandanten«, beginne ich unser Gespräch. »Kannte er Sie?«

»Offensichtlich ja«, erwidert Kohlmann. »Das ist ja so ein bisschen mein Schwerpunkt, die Äußerungsdelikte. Ich nehme an, das wird er gewusst haben.«

Kohlmanns Blick ist wach, die Augen funkeln, er scheint gut aufgelegt. Hohe Stirn, ergrauter Haarkranz, Vollbart. Er trägt weißes Hemd und Krawatte, rötlichen Strickpulli, schwarzes Sakko.

Die Antwort nehme ich ihm nicht ab. Unser Chemnitzer Tatverdächtiger, der Merkel ins KZ werfen wollte, wird Kohlmann sicherlich nicht zuerst wegen seines Schwerpunktes als Strafrechtler kennen. Aber was würde es bringen, hier schon zu widersprechen? Der Mann ist Anwalt. Er durchschaut Strategien, weiß um seine Worte.

Eben darauf zielt meine nächste Frage. Zuvor spiele ich Kohlmann das Zitat aus seiner Kundgebung von 2018 ein: »Die nächste Wende muss erheblich gründlicher werden!« Er nickt wissend, er kennt die Zeile noch gut. Lächelnder Blick zurück. »Ja. Und?«

»Überlegen Sie«, frage ich, »wenn Sie solche Sätze sagen, wie weit Sie gehen können, damit es nicht strafbar ist?

»Natürlich, ja«, bestätigt er. Einen Satz wie diesen lege er sich durchaus vorher zurecht.

Mein Einwurf, dass ihn das offenbar von seinen Anhängern unterscheide, die er dann später vertrete, erheitert ihn eher.

Zu feinjustierter Wortwahl, mutmaße ich, seien diese in aller Regel nicht in der Lage, schon gar nicht, nachdem er sie derart aufgeheizt habe wie in der Chemnitzer Hetzjagd-Stimmung. Die einen riefen dann eben »Ausmisten!«, die anderen schrieben auf Facebook »Merkel ins KZ«. Man könne ihm demnach fast vorwerfen, der Aktivist Kohlmann besorge so dem Anwalt Kohlmann neue Mandanten. Ob er nicht für diese Tatverdächtigen sogar eine Verantwortung trage, frage ich.

»Nein«, widerspricht er. Das hieße ja, er müsse vorsichtshalber schweigen. Er selbst könne doch nicht mehr tun, als am Mikrofon rechtssicher zu formulieren.

Mit Verweis auf die Beispiele Schönhuber und Höcke frage ich Kohlmann, was seine Anhänger denn alles in seine Formel von der nächsten, gründlicheren Wende hineinlesen dürften.

Er meine damit nur, dass nach dem Fall der DDR noch zu viele alte Amtsträger an der Macht geblieben seien, versichert er. Wieder dieses Lächeln. »Warum nehmen Sie mir das nicht ab?«, fragt er. Wohlweislich, dass mir für die Hundepfeifen-These immer der letzte Beleg fehlen wird.

Form der Anerkennung?

»Ich würde unsere Kanzlerin, wie zu alten Zeiten, wo unser Führer noch lebte, ins KZ stecken«, zitiere ich den Tatvorwurf gegen seinen Mandanten. »Wie verteidigen Sie so jemanden?«

»Das ist eine interessante Frage«, lacht er auf. »Denn was soll es eigentlich sein? Eine Gewaltandrohung ist es ja nicht, weil der Beschuldigte gar nicht die Möglichkeit hat, real jemanden ins KZ zu stecken.« Mithin könne es nur eine Form der Missachtung sein. Aber was solle daran verboten sein? Eine Strafbarkeit sei ja nur dann gerechtfertigt, wenn Rechtsgüter gefährdet seien.

»Ein Diebstahl zum Beispiel«, folgert er, »ist logischerweise strafbar, weil das Eigentum von jemandem missachtet wird. Eine Beleidigung ist strafbar, weil die Ehre von jemandem verletzt wird.« Im Falle des zitierten Kommentares zu Merkel aber sei das nicht zu erkennen. »Welches Rechtsgut«, fragt er mich, »ist hier beschädigt worden?«

»Na, in dem Fall doch wohl die Ehre von Frau Merkel«, erwidere ich. »Oder etwa nicht?«

»Ach, vielleicht zeigte der Satz ja sogar eine sehr hohe Form der Anerkennung«, sagt er nun augenzwinkernd und rudert theatralisch mit den Armen. »Weil der Verfasser es für so bedeutend hält, was die Kanzlerin macht. Man kann das immer so oder so sehen. Da müsste man Frau Merkel selber fragen, ob sie sich dadurch angegriffen fühlt, in ihrem innersten Ehrgefühl.«

»Das ist jetzt nicht Ihr Ernst«, hake ich ein.

»Na ja, es gibt doch Leute, die sagen: Da geh ich drüber weg«, antwortet er. Dabei dürfte er wissen, dass auch ein Diebstahl, über den der Geschädigte hinwegsieht, eben ein Diebstahl bleibt.

»Was wird denn jetzt aus Ihrem Mandanten?«, frage ich zuletzt. »Nehmen Sie den eigentlich auch mal beiseite und sagen ihm: ›So etwas darfst du nicht schreiben?‹«

»Das sagt man dann schon«, kommt er mir entgegen. Um aber gleich anzufügen: »Die wichtigere Frage bleibt aber doch: Ist es strafbar?«

Zündeln im Nahkampf

Den Zug nach Hamburg erreiche ich noch gerade eben. Die Fahrgäste tragen Maske, ich freue mich über einen freien Doppelsitz und rücke ans Fenster. Hinter schattenhaften Wolken und vorbeihuschenden Bäumen strahlt ein letzter glutroter Streifen Abendhimmel.

Ich denke nach über den zurückliegenden Tag, das Interview, die widerstreitenden Positionen, den gefühlten Nahkampf. In jedem Film, den ich machte, jedem Buch, das ich schrieb, hatte ich mir vorgenommen, fair zu bleiben. Kritik sollte nachvollziehbar belegt sein, nicht vom Stallgeruch des eigenen Lagers leben, dem auch Leser und Zuschauer angehören würden.

Der Anwalt und Aktivist Martin Kohlmann bedient ein Lager, mit dem ich nichts gemein habe, außer der Bereitschaft, miteinander zu reden, solange dies ernsthaft geschehe. Vielleicht gab es auch in dieser entfernten Gedankenwelt Grenzlinien, die sich würdigen ließen. Eben der Fairness halber sei deshalb erwähnt, dass Kohlmann im Verlauf unseres Gesprächs mehrmals deutlich machte, dass auch er den Satz seines Mandanten geschmacklos fand. Auch war mir in einem Archivtext aufgefallen, dass Kohlmann in seiner Zeit bei den Republikanern Kooperationen mit der NPD stets ablehnte. Mag sein, es ging um inhaltliche Trennschärfe. Womöglich waren es auch nur strategische Abgrenzungen, mit Blick auf mögliche Wähler.

Dass sich Kohlmann immer mehr radikalisiert hat, wie mein Kollege es beschrieb, scheinen mir die Auftritte seiner »Freien Sachsen« durchaus zu belegen. Wer die große Mehrheit der Deutschen, die verantwortlich genug ist, um sich gegen Corona impfen zu lassen, als zukünftige Drogenabhängige darstellt, weiß, wie übel er zündelt. Wer mit Fackeln vor Privatwohnungen aufmarschiert, weiß um die unseligen Parallelen zu den einschüchternden SA-Trupps, die solche Auftritte in Erinnerung rufen. Und wer findet, es sei in Deutschland nicht ehrenrührig, jemandem den Tod im KZ zu wünschen, negiert – aus welchen Gründen auch immer – jede Moral.

Dass Kohlmann im Interview zugab, mit seiner Wortwahl auf Kundgebungen bewusst die juristischen Grenzen des Sagbaren auszuloten, finde ich auch im Nachhinein noch bemerkenswert. Umso mehr, weil er dies mit einer Selbstverständlichkeit einräumte, als ginge es ihm und seinen Zuhörern nur um Lausbubenstreiche.

Mit seiner Vermutung, dass die amtierende Kanzlerin Merkel über Mordfantasien wie der seines Mandanten hinwegsehen werde, dürfte Kohlmann indes richtig liegen. Im Laufe der Recherche werde ich noch auf weitere Bundespolitiker treffen, die das in eigener Sache tatsächlich so halten. Obwohl sie damit zugleich das neue Gesetz gegen Hass im Netz, das sie selbst auf den Weg brachten, eher unterlaufen.

Da dies allerdings nur auf Tatbestände wie Verleumdung und Beleidigung zutrifft, die einen Strafantrag des Betroffenen erfordern, bleiben andere Verfahren führbar. Womöglich haben die Staatsanwaltschaft und das Amtsgericht Chemnitz die Hausdurchsuchung eben deshalb mit dem schwerer wiegenden Vorwurf der Volksverhetzung begründet, für den kein Strafantrag nötig ist.

Als ich in Altona aus dem Zug steige, ist es weit nach ein Uhr nachts. Der Bahnsteig, über dessen Rillen mein Handkoffer rattert, scheint leergefegt. Von meinem Kamerateam, das unterwegs übernachtet, erfahre ich, dass während des Interviews eine der beiden Tonspuren nicht funktionierte, was die Aufnahmetechniker des NDR aber leidlich werden reparieren können.

Es war ein langer Tag. Aber es war definitiv einer derer, für die ich Journalist geworden bin.

3
»Dem ne Kugel ins Hirn«
Staatsanwältin gegen Richterin

Svenja Meininghaus beginnt den Arbeitstag, wie andere ihn gelegentlich beenden: so, als nähme sie auf dem Arbeitsweg noch eben etwas aus der Reinigung mit. Vor dem historischen Gebäude der Göttinger Staatsanwaltschaft, an das sich jenseits des Lichthofs noch das alte Gefängnis anschließt, öffnet die Juristin am Morgen an ihrem abfahrbereiten Dienstwagen zunächst die Tür zur Rückbank. So feinsinnig, wie sie in Gesprächen ihre Worte wählt, streicht sie nun über die Schutzfolie hinweg die schwarze Robe glatt, deren Innensiegel für feinste Qualitätsschurwolle des Herstellers »Elite« bürgt. Auch die weiße Bluse, die sie dazu tragen wird, ist in dem Bündel mit eingepackt, das sie auf dem Sitzpolster ausbreitet.

Im Vorgespräch habe ich sie als resolute Ermittlerin kennengelernt. Sorgsam formulierte Sätze, direkter Blick. Dass sie mit Drohungen rechnen muss, wenn sie sich im Fernsehen äußert, weiß sie. Andere lehnten meine Anfragen deshalb ab. Sie nicht. Sie weiß um die Bedeutung der Öffentlichkeit, wenn es um die Prävention von Straftaten geht.

»Die Route wird berechnet«, meldet ihr Navigationssystem und zeigt drei Stunden Fahrzeit an. Bis zum Mittag muss sie beim Amtsgericht der Kleinstadt Bersenbrück sein, einem der kleinsten Gerichtsstandorte Niedersachsens. Dass sie den Termin nicht an einen örtlichen Staatsanwalt delegiert hat, liegt an der wegweisenden Bedeutung, die sie dem Verfahren beimisst. Denn die heute angesetzte Hauptverhandlung hat eine lange Vorgeschichte. Wenn man so will, kommt es im Bersenbrücker Amtsgericht zum Showdown zwischen zwei Juristinnen, die sich offenbar beide vorgenommen haben, ihren Kurs zu halten.

Dass der Beschuldigte nicht schon vor Monaten mit einem Strafbefehl davongekommen ist, lag an der Bersenbrücker Richterin. Denn obwohl die Göttinger Staatsanwaltschaft den Antrag gut begründet hatte, lehnte sie eine Strafe ab.

Der Tatvorwurf gegen den 36-jährigen Facebook-Nutzer aus Südniedersachsen war nicht unbedeutend. »Die Staatsanwaltschaft Göttingen beschuldigt Sie«, hieß es unter dem Aktenzeichen Cs 801 Js 35242/20, »am 27.04.2020 gegen 16:04 Uhr öffentlich zu einer rechtswidrigen Tat aufgefordert zu haben«. Dem Beschuldigten wurde gemäß Paragraf 111, Absätze 1 und 2, des Strafgesetzbuches zur Last gelegt, unter einem irreführenden Facebook-Post zum Unionspolitiker und Ärztesprecher Rudolf Henke den Kommentar verfasst zu haben: »Dem ne Kugel ins Hirn, vielleicht hilft es ja«.

Weil Henke sich für die Corona-Politik von Bund und Ländern stark gemacht hatte, war er in sozialen Medien von Impfgegnern mit Attacken und verleumderischen Falschmeldungen überzogen worden, die der Beschuldigte sich offensichtlich gern zu eigen machte. »Soll sich sein Gift selber spritzen«, schob er seiner Forderung damals noch hinterher.

»Sie haben damit billigend in Kauf genommen«, argumentierte Staatsanwältin Meininghaus, »dass Ihre Aufforderung ernst genommen werden würde.« Die Bersenbrücker Richterin jedoch vermochte in dem Kommentar nichts Strafbares zu erkennen. Der fragliche Satz könne durchaus auch so verstanden werden, entgegnete sie den Strafverfolgern, dass der Beschuldigte den Arzt nur habe »verbal wachrütteln wollen«. In der Göttinger »Zentralstelle zur Bekämpfung von Hasskriminalität im Internet«, der Staatsanwältin Meininghaus angehört, hatte das einhelliges Befremden ausgelöst.

Gegen die Absage des Amtsgerichtes legte die Strafverfolgerin Beschwerde beim Landgericht Braunschweig ein, das ihr Wochen später recht gab. Allerdings hatte der Beschluss zur Folge, dass der Fall ausgerechnet an dieselbe Richterin in Bersenbrück zurückverwiesen wurde.

Wäre er der Anwalt des Beschuldigten, sagte mir damals ein fachkundiger Beobachter, würde er sich nunmehr in der Hauptverhandlung haargenau die vorangegangene Begründung der Richterin zu eigen machen. Denn die könne sie ja nun kaum entkräften. Genau damit muss Anklägerin Meininghaus rechnen, als sie auf der Autobahn in Richtung Westen fährt. Die Fahrspuren sind vom Schwerlastverkehr überfüllt. Auf der Frontscheibe kämpfen die Wischer mit prasselndem Starkregen.

Ob das ein alltäglicher Termin für sie sei, frage ich.

»In dem Verfahren geht es für mich um eine Grundsatzfrage«, sagt die Staatsanwältin, während sie den Wagen an den Lastwagen vorbeisteuert. »Es geht schlichtweg um die Frage, ob eine solche Äußerung strafbar ist oder nicht. Und durch die persönliche Anwesenheit hat man natürlich ganz andere Möglichkeiten, auf den Prozess einzuwirken.«

Ist sie angespannt an so einem Morgen? Der Frage weicht sie aus. Als Strafverfolgerin Emotionen zu äußern, birgt immer ein Risiko. Prozessgegner könnten daraus Voreingenommenheit ableiten. »Natürlich möchte ich gerne wissen, was da heute herauskommt«, sagt sie nur. »Eine ›Kugel ins Hirn‹ ist unstreitig ein Tötungsdelikt. Insofern erhoffe mir ich von dem Verhandlungstag auch eine Verurteilung.«

Anklage und Verteidigung für Strafe

Als die Staatsanwältin mit Tasche und Kleiderbündel das Gericht betritt, hat sich der Himmel etwas erhellt. Das Bersenbrücker Gericht residiert in ehrwürdigem Klostergemäuer. Im Kreuzgang warten die Prozessparteien bald auf Zugang zum Saal, darunter der blässliche Angeklagte mit seinem Anwalt. Als Letzte nimmt die Richterin auf dem erhöhten Mittelsitz Platz. Alte Holzpfeiler stützen die Raumdecke. An der Seitenwand, über der versiegelten einstigen Kaminöffnung, reihen sich noch Kacheln der Klosterküche auf.

Was die Strategie des Anwalts betrifft, sollte die Prognose, die ich vorab erhielt, nicht zutreffen. Denn er übernimmt keineswegs die bisherigen Argumente der Richterin. Vielmehr kommt es zu der seltenen Konstellation, dass sowohl der Verteidiger des Angeklagten als auch die Staatsanwältin auf eine Strafe plädieren. Allein die Richterin hatte sich offenbar vorgenommen, dem Druck aus Göttingen und Braunschweig nicht nachzugeben. Am Ende rügt sie zwar den Angeklagten deutlich, dennoch bleibt sie bei ihrer Linie, dass sein Facebook-Post straffrei bleiben müsse.

Strafverfolgerin Meininghaus ist die Enttäuschung anzumerken. »Ich teile diese Rechtsansicht nach wie vor nicht«, bilanziert sie ernüchtert. »Da auch der Erlass des Strafbefehls im Ergebnis mit einer ähnlichen Argumentation abgelehnt worden war, kommt es aber nicht ganz überraschend.«

Noch vor ihrer Rückfahrt nach Göttingen kündigt sie an, wegen der Bedeutung des Falles in Berufung zu gehen. Nächste Instanz wird das Landgericht in Osnabrück sein. Die bisherige Richterin wird dort keine Rolle mehr spielen.

Weder der blickscheue Anwalt, der sich unter der Kapuze seines Anoraks verbirgt, als er an meinem Kamerateam vorbeihuscht, noch sein abwesend wirkender Mandant wollen zu dem Freispruch etwas sagen. Presseauskünfte des Gerichtes wiederum, erfahre ich, erteile allein dessen Direktor.

Appellative Zusätze

Oliver Sporré, der dieses Amt innehat und mich Wochen später in seinem Büro erwartet, überragt mich an Körpergröße deutlich. Er ist ausgesprochen freundlich, aber er weiß vermutlich um seine undankbare Aufgabe. Wir setzen uns unter dem dunklen Gebälk des Gerichtssaals, in dem der Fall verhandelt wurde, vor dem Richtertisch einander gegenüber. Ich frage, was jeder Unbeteiligte angesichts des Urteils fragen würde: Warum eigentlich die Forderung nach einer »Kugel ins Hirn« nicht strafbar sein soll.

Eben weil es keine Forderung gewesen sei, erklärt mir der Gerichtsdirektor und beharrt zunächst darauf, dass die Richterin sowohl mit Blick auf den Strafantrag als auch in der öffentlichen Hauptverhandlung nach dem zur Tatzeit geltenden Recht nicht anders habe entscheiden können.

Wäre das so, wende ich ein, hätte auch das Landgericht in Braunschweig ihr folgen müssen, bei dem die Staatsanwaltschaft erfolgreich Beschwerde eingelegt hat.

»Bei beiden Entscheidungen ist hier darauf abgestellt worden, wie dieser Post auszulegen ist«, kommt der Amtsgerichtssprecher auf den Inhalt. »Der Angeklagte hat sich in der mündlichen Hauptverhandlung dahingehend eingelassen, dass er mit seinem Kommentar den Adressaten wachrütteln wollte.«

»Aber er hätte ja dann auch ›wachrütteln‹ schreiben können«, unterbreche ich ihn. »Hat er aber nicht. Er schrieb ›Kugel ins Hirn‹. Ich meine, wie deutlich muss einer werden. Wir hatten doch Kopfschüsse da draußen, den Fall Lübcke etwa.

Ist es wirklich noch zeitgemäß, da zu sagen: Ach, na ja, das kann auch eine Meinungsäußerung im Sinne von Wachrütteln gewesen sein?«

Noch einmal beharrt mein Gegenüber darauf, nun schon erkennbar genervt, dass das Gericht nach intensiver Prüfung eine Auslegung vorgenommen habe. Demnach habe es zwar die zitierte Äußerung gegeben. Der Paragraf 111 des Strafgesetzbuches verlange jedoch darüber hinaus ein an Dritte gerichtetes Auffordern.

»Dieses Auffordern bedeutet ein Verlangen«, legt mir Sporré dar. »Und dafür braucht man zudem bestimmte appellative Zusätze. Wie zum Beispiel: Wer macht das? Wer macht mit? Oder: Muss jetzt bald umgesetzt werden. Und das war in diesem Post nun mal nicht enthalten.«

»Also müsste ich sagen: ›Dem eine Kugel ins Hirn, möglichst nächste Woche, Freiwillige vor!‹ Dann wäre es strafbar«, frage ich weiter, nun auch selbst schmallippig.

»Das Gericht hat diesen konkreten Fall zur Aburteilung bearbeitet und hat sich dazu geäußert«, höre ich als abschließende Antwort.

»Wie oft kommt es denn vor«, will ich zuletzt noch wissen, »dass sowohl die Staatsanwaltschaft als auch die Verteidigung auf Strafe plädieren, und das Gericht spricht frei?«

»Das kommt sicherlich nicht sehr häufig vor, aber es kommt vor«, belehrt mich der Hausherr, nun wieder der souveräne, freundliche Jurist. »Es ist Ausdruck dessen, dass das Gericht und hier eben die Richterin völlig unabhängig ist und weder an die Anträge der Verteidigung noch an die der Staatsanwaltschaft gebunden ist.«

Wiedervorlage in Osnabrück

Richter Oliver Sporrés Aufgabe war in der Tat undankbar. Ob er selbst den Fall genauso entschieden hätte, weiß nur er. Als Direktor, der dem Amtsgericht seit über zehn Jahren vorsteht, stellte er sich vor seine Richterin. Dass deren Beurteilung des Sachverhalts fragwürdig war, musste er jedoch wissen, seit das Landgericht den Fall nach Bersenbrück zurückverwiesen hatte.

Tatsächlich spielt das Verfahren in der Grauzone, in der auch unter Richtern und Strafverfolgern die Ansichten lange auseinandergingen. Der flüchtige »Querdenker«-Frontmann Atilla Hildmann etwa konnte sich dank zurückhaltender Strafverfolger im Schutz des Konjunktivs zunächst sicher fühlen. Solange er seine Gewaltfantasien mit der Formel »Wenn ich Reichskanzler wäre, würde ich …« einleitete, hatte er wenig zu befürchten. Mit dem Haftbefehl jedoch, von dem er durch eine Indiskretion erfuhr, wechselte die Justiz sichtbar den Kurs.

Auf nichts davon ging der Jurist Sporré an diesem Tag ein, als er die Bersenbrücker Deutung des Kommentars »Dem ne Kugel ins Hirn« rechtfertigte. Er hätte dann zwar immer noch darauf verweisen können, dass Strafrechtsparagrafen gerade deshalb so eng definiert seien, damit sie unabhängig von gesellschaftlichem Druck angewandt werden könnten. Und dass sicher auch ich als Journalist Wert darauf legte, dass meine Worte nicht allzu frei interpretiert würden. So aber blieb offen, warum er und die Richterin selbstredend den Wortlaut des Paragrafen denkbar streng befolgten, zugleich aber bereit waren, die Worte des Beschuldigten wohlwollend umzudeuten.

Demzufolge blieb mein Eindruck, dass auch unser Gespräch nur den Showdown fortsetzte, den die Richterin schon mit dem verworfenen ursprünglichen Strafbefehl begonnen hatte.

Da die Göttinger Staatsanwaltschaft gegen das Urteil Beschwerde eingelegt hat, wird nun auch diese Entscheidung des Amtsgerichts überprüft, diesmal vom Landgericht in Osnabrück. Erneut wird es dann um die Frage gehen, was der Justiz dringlicher erscheint: Das Strafrecht vor einer vermeintlich überzogenen Auslegung zu bewahren – oder jenen Wortführern und Mitläufern Grenzen zu setzen, die sich in einem aberwitzigen Widerstand gegen eine angeblich drohende neue Diktatur im Lande wähnen.

Neben der Gerichtsreporterin des *Bersenbrücker Kreisblatts* werde dann auch ich auf der Pressebank mitschreiben.

4

Juden, Schwule, Fremde, Frauen
Fallbeispiele aus Niedersachsen

Wer sich der Staatsanwaltschaft Göttingen per Zeitreise nähern will, beginnt damit am besten auf dem Dachboden. Unter verzweigtem Gebälk und einer dünnen Schicht Staub lassen sich dort noch Hunderte Regalmeter vergilbter Papierpacken abschreiten, von längst vergessenen Bürgerstreitigkeiten bis hin zu ungelösten Mordfällen. Steigt man von da die knarzende Holztreppe hinab, fällt der Blick bald durch den Lichthof, hinunter auf die vergitterten Zellenfenster der einstigen Untersuchungshäftlinge, die nicht das Glück hatten, unerkannt davonzukommen.

Das alte Amtsgericht, das Mitte des 19. Jahrhunderts im imposanten Stadtpalast am Waageplatz die Arbeit aufnahm, war steingewordener Ausdruck der großen Justizreform des Königreichs Hannover, das erstmals auf allen Ebenen seine Verwaltung und seine Gerichtsbarkeit trennte. Heute beherbergt das Haus die Göttinger Strafverfolger.

Der Mann, der mich kurz durch die lokale Geschichte führte, ist Oberstaatsanwalt und Leiter der hier angesiedelten Zentralstelle zur Bekämpfung von Hasskriminalität im Internet, der auch Staatsanwältin Meininghaus angehört. Frank-Michael Laue ist die Symbolik bewusst, die das papierne Aktenlager, dem schon eine nachlässig entsorgte Zigarette ein lichterlohes Ende bereiten könnte, für einen Verfolger von Internetkriminalität im digitalen Zeitalter darstellt.

Selbst ein ranghoher Bundesermittler spöttelte mir gegenüber zuletzt über deren neue Aktionstage gegen Hass im Netz. »Wie niedlich«, feixte er, »das arbeiten die dann alles händisch ab, ein Fall die Woche. Der Staat hat diesen Kampf aufgegeben. Er redet sich das nur noch schön.«

Andere Insider räumen selbstkritisch ein, dass es zuerst die Justiz selbst gewesen sei, die all die Hetze übersehen habe, als sie in den sozialen Netzwerken heranwuchs. Nun wundere sie sich darüber wie Schutzleute, die jahrelang den Verkehr nicht geregelt hätten und dann rätselten, warum keiner die Regeln beachte. Zu lange hätten echte Staatsanwälte lieber echte Kriminelle gejagt und Hassmails als Kleinkram abgetan.

Laue kennt diese Kritik. Mag sein, auch er fühlt sich mitunter auf etwas weltfremdem Posten, wenn er morgens in seinem denkmalgeschützten Büro den Dienst beginnt, wo jede reparaturbedürftige Fußleiste einen bürokratischen Hürdenlauf auslöst. Blauer Anzug, helles Hemd, keine Krawatte. Über der Hornbrille fällt die gebräunte Stirn auf. »Balkonsonne«, sagt er und lacht, als wir vor seinen Schreibtisch treten, »mehr lässt der Lockdown nicht zu.«

Laue gilt als bestens sortierter Vorgesetzter und trefflicher Erzähler. An der Wand hinter sich hat er ein übergroßes Leinwandfoto angebracht, auf dem in felsigen Klippen ein steinerner Wehrturm der stürmischen Gischt trotzt. Den Vorwurf, seine Bemühungen seien niedlich, würde er nie gelten lassen.

Abschreckende Wirkung

Wie seine Dresdner Kollegin sieht auch er den Mord an Walter Lübcke als letzten Auslöser einer Trendwende. »Diese Erkenntnis, dass damals Worte tatsächlich zu Taten geworden sind, haben aus meiner Sicht zu einem gewissen Umdenken geführt«, ist er sicher. »Sodass man nicht mehr länger sagen konnte: Das ist ja nur Hasskriminalität, die irgendwo im Netz stattfindet, durch so ein paar versprengte Seelen.«

Auch den Befund, wonach viele Beschuldigte das Netz noch immer für eine straffreie Zone halten, kennt er. »Unser Eindruck ist, dass tatsächlich viele Täter glauben, sie bewegten sich im Internet völlig frei von strafrechtlicher Verfolgung«, sagt Laue. »Genau diesem Eindruck wollen wir entgegenwirken, indem wir klarmachen: Nein, ihr seid im Netz genauso zu erkennen und aufzuspüren wie in der analogen Welt auch.«

Die Tatvorwürfe erreichen auch die Göttinger Zentralstelle auf verschiedenen Wegen. Zum einen sind es Betroffene selbst, die Anzeige erstatten. Aber auch erste Betreiber von Internetseiten tragen inzwischen Einträge an sie heran, wie es das Gesetz gegen Hass im Netz auf Dauer vorsieht.

»Ich finde diesen Ansatz absolut richtig«, sagt Laue. »Denn solche Einträge einfach nur zu löschen, reicht nicht. Wer immer sie verfasst hat, kann sich dann anderweitig wieder so äußern. Das scheint mir dann nicht besonders nachhaltig zu sein.« Nur wenn strafbare Inhalte auch zur Strafverfolgung führten, habe das eine abschreckende Wirkung. Die vorgesehene Verpflichtung für Plattformen, Hasskommentare anzuzeigen, halte er deshalb für konsequent.

Nach dem ersten Jahr unterscheidet Laues Team zwei Tätertypen. »Da sind zum einen diejenigen, die bewusst auf Anonymität achten und sich aktiv mit Decknamen tarnen«, erläutert er mir. Es komme inzwischen aber auch eine Vielzahl von Hasstätern hinzu, die auffallend offen zu ihren Übergriffen stünden. »Die sagen, das ist nun mal unsere Meinung, die ist zwar radikal und möglicherweise auch volksverhetzend, aber dazu bekennen wir uns dann eben, auch mit Namen.«

Ob von denen dann welche zu Decknamen übergingen, frage ich, sobald ihnen das Risiko der Strafverfolgung klarer werde.

»Das mag so sein«, erwidert Laue. »Aber wir hatten auch schon Beschuldigte, gegen die ein Strafverfahren durchgeführt wurde, und die danach trotzdem auf gleiche Weise noch weitere Straftaten begingen.«

Hitliste des Unsäglichen

Als er auf seinem Bildschirm eine Übersicht der laufenden Verfahren aufruft, erscheinen reihenweise Aktenzeichen, dazu die strafrechtlich relevanten Zitate mitsamt der Quellen, die von Facebook über Twitter und Telegram bis zu Youtube reichen, die jeweiligen Amtsgerichte und die beantragten Strafmaße. Sie liest sich wie eine Hitliste auf einer nach unten offenen Skala von Widerwärtigkeiten.

»Ich könnte alle Juden in dieser Welt zerstören«, steht da als Beispiel für antisemitische Drohungen. »Auge um Auge, Zahn um Zahn, ihr verfluchten Juden!«, ist danach ebenso aufgeführt wie »So Leute wie Sie hatten wir in Auschwitz, da hat jemand den Gashahn aufgedreht«.

Auch persönliche Drohungen fänden sich zuhauf, sagt Laue. »Du bist bald tot«, hätten Betroffene ebenso lesen müssen wie »Bringt euch alle um und schickt mir die Urnen!« Oder Mordaufrufe, vorzugsweise an Personen des öffentlichen Lebens gerichtet, von »Dumme linke Schlampe, du wirst vergast« bis zu »Ich kann dich gern mal ansprechen, du linke Schwuchtel, dann stirbst du aber«.

Fremdenhass führe zu ähnlicher Hetze. »Alle Kanaken werden per Messerstiche abgeschoben!«, steht dort, genau wie »Muslime und Islam vergasen« und »Hängt sie alle auf!«

»Die wollen alle nach Deutschland, um die Deutschen zu vergewaltigen, zu erstechen und das Geld abzuzocken«, zitiert der Strafverfolger als Kommentar über Migranten. Der Strafbefehl umfasse 100 Tagessätze wegen Volksverhetzung. Schon eine Zeile tiefer der gleiche Tatvorwurf: »Ab durch den Brenner, ab ins Lager, weg mit dem Abschaum!« Der Fall hänge beim Amtsgericht in Burgwedel an. Ein Ministerpräsident werde als »Parasit, feiger Betrüger und Schmarotzer« verhöhnt. Der Strafbefehl liege bei 35 Tagessätzen. Einem Richter habe der Eintrag »Verbrennt ihn!« gegolten. Den Strafbefehl über 60 Tagessätze habe man gerade beim Amtsgericht in Hildesheim beantragt.

In der Übersicht folgt eine Abbildung von Muslimen vor einer Moschee, zu der ein Nutzer hinzufügte: »Dieser Dreck macht was er will!« Den Strafbefehl über 90 Tagessätze habe das Amtsgericht Hannover erhalten. Danach zitiert Laue einen Eintrag über Politikerinnen, darunter Saskia Esken und Annalena Baerbock. »Die sehen durch ein Zielfernrohr einfach besser aus!« steht da, mitsamt der verbotenen Nazi-Parole »Rotfront verrecke!« Der Verfasser werde beim Amtsgericht in Peine angeklagt, der Hauptverhandlungstermin sei noch offen.

Schließlich eine Nachricht auf Twitter: »Ich schicke dir eine Dreckspaketbombe, du Nutte«, gerichtet an eine Politikerin, die Anfragen dazu liefen noch, sagt Laue, als er den Blick wieder vom Monitor löst.

Die Aufzählung reicht mir. Ich wähle ein paar Fälle aus, die ich in den kommenden Monaten näher verfolgen möchte.

Dass die Göttinger Liste einen anhaltenden Trend abbildet, werden noch viele Erhebungen bestätigen. Auch die *Tagesschau* meldet in jenen Wochen, dass ein Rechercheteam des Jugendformats Funk allein auf nicht geheimen Telegram-Kanälen binnen weniger Tage 250 Mordaufrufe gezählt hat, gegen Personen aus Politik, Wissenschaft, Medizin, Behörden und Medien. Ein Bundeswehrsoldat will demnach »Leichen über Felder verteilen«. Eine Gruppe in Sachsen schmiede Pläne, ihren Ministerpräsidenten zu töten.

Wie die bisherige Erfahrung mit den Gerichten sei, frage ich Laue. Am Telefon hatte er einmal angedeutet, sein Team wolle auch Fälle zur Anklage bringen, bei denen eher ungewiss sei, ob die Gerichte mitzögen.

»Das gilt noch immer«, bestätigt er. »Wir sind mit der Idee angetreten, im Netz Straftatbestände zu verfolgen, die einen relativ großen Beurteilungsspielraum eröffnen.« Schon mit der Art, wie man solche Fälle verfolge, wolle man auf die Entwicklung der Rechtsprechung Einfluss nehmen. »Wir ahnden das entschieden. Und wollen so darauf hinwirken, dass auch die Gerichte in diesen Tatbereichen vielleicht eine neue Tendenz zeigen. Teilweise gelingt das schon, teilweise stoßen wir auch an Grenzen. Aber wir sind Strafverfolger. Die Gerichte urteilen selbst.«

Das Gefühl, es bringe etwas

Auf dem Weg durch das Gebäude hallen unsere Schritte durch breite Flure und über großzügige Treppen. Ein Informatiker, der zuletzt zu Laues Team stieß, feilt an einem Online-Portal, über das bald auch hier Bürger Verdachtsfälle melden können. Von den beiden Staatsanwältinnen, die der Zentralstelle angehören, möchte eine lieber nicht vor die Kamera. Die zweite ist Svenja Meininghaus, die gerade den Streit mit dem Amtsgericht Bersenbrück führt.

Sie weist uns noch auf einen weiteren Fall hin, dessen Fortgang mir interessant erscheint. Neben Fremdenhass und Antisemitismus, sagt sie, falle ihr auch zunehmende Hetze gegen Frauen auf. Ein exemplarisches Verfahren führe sie seit Monaten gegen einen Beschuldigten im Emsland. Die Klage liege beim Amtsgericht Lingen, sagt sie. Unter dem Aktenzeichen 801 Js 4580/21 enthält sie den Tatvorwurf der Volksverhetzung und verherrlichender Gewaltdarstellung. Ein gesondertes Verfahren wegen unerlaubten Waffenbesitzes, sagt die Staatsanwältin, sei vom Gericht bereits angesetzt.

Als ich über öffentliche Youtube-Links einen Teil des Beweismaterials sichte, dreht sich mir fast der Magen um. Was der Beschuldigte da unter Pseudonym veröffentlicht und offenbar als Kunst ansieht, könnte menschenverachtender kaum sein. Reihenweise gestellte Fotos, in denen anscheinend blutüberströmte Frauen zugleich vergewaltigt, ermordet und ausgeweidet werden. Das Waffenarsenal, das dabei gleich mit zur Schau gestellt wird, reicht bis zum Fleischerhaken. Schon dass Youtube als Plattformbetreiber das nicht aussortiert, ist bezeichnend.

»Das sind auch für Ermittler ganz, ganz abstoßende Bilder«, stimmt mir die Staatsanwältin zu. Dazu verbreite der Beschuldigte dann gern noch seinen Leitspruch: »Alle Frauen sind Nutten.« Das Verfahren gegen ihn laufe. Der Beschuldigte habe die Vorwürfe komplett ignoriert. Bei einer Durchsuchung seien Datenträger gesichert worden. Ein Verteidiger sei benannt. In Kürze erhebe sie Anklage.

Wie es ihr eigentlich gehe, wenn sie morgens mit vorgeblicher Vergewaltigungskunst den Tag beginne, frage ich.

»Nicht alles lässt einen kalt«, räumt sie ein. »Auch wenn man hier die breite Masse der Fälle gut verarbeiten kann, gibt es durchaus welche, da geht etwas in einem vor.« Dennoch könne sie auch mit solchen Tatbeständen umgehen.

»Was glauben Sie, wo solch ein Hass herkommt?« frage ich. »Fördern die Ermittlungen das manchmal mit zutage?«

»Es ist selten, dass wir sagen können: Das ist jetzt der Anlass, das hat ihn dazu verleitet«, sagt sie. »Das geschieht eher aus einer generellen, oft auch politischen Einstellung heraus, die sich dann in den sogenannten Filterblasen verstärkt.« Wie ein Pingpong-Effekt sei das. Der eine poste etwas, der Nächste finde es gut, dann gehe das immer so weiter. »Es kommt dort ja kaum Widerrede, und so werden die Inhalte immer krasser. Bis es sich so hochschaukelt, dass es am Ende strafbare Inhalte sind.«

Auch Meinungs- und Kunstfreiheit seien natürlich Grundrechte, die sie als Strafverfolgerin zu beachten habe. »Auch die findet aber ihre Grenzen eben in den Grundrechten anderer. Ehrverletzende Inhalte etwa sind dann auch nicht mehr als Kunst geschützt.«

Ob es denn schon vorgekommen sei, dass ein Beschuldigter tatsächlich nachdenklich wurde angesichts der Vorwürfe, möchte ich wissen.

»Ja, das ist schon passiert«, sagt sie. »Ich habe tatsächlich einmal genau in der Art mit einem Beschuldigten gesprochen. Da ging es um Billigung von Straftaten. Er war nach der Durchsuchung doch recht beeindruckt von unseren Maßnahmen. Und sagte dann, er habe vorher offenbar nicht genug nachgedacht.« Dann habe er seinen Facebook-Account gelöscht und den Strafbefehl bezahlt. »Vielleicht ist das manchmal eine naive Annahme, dass das so passieren kann. Aber manchmal hat man tatsächlich das Gefühl, dass es was bringt.«

Zurück in Hamburg plane ich zwei Rundreisen. Wir werden viel zu drehen haben.

5

Baerbock im Zielfernrohr

Gerichtstermin in Peine

Es ist ein trüber Sonntagnachmittag, als die Kreisstadt Peine auf mich einwirkt. Ich bin von einem Termin aus Süddeutschland angereist. Die Fußgängerzone, die sich so in vielen deutschen Kreisstädten findet, ist nahezu menschenleer. Sparkasse, Optiker, Drogeriemarkt, Hörgeräte. Ein Café immerhin serviert draußen Kuchen.

Die steinernen Spitzen, mit denen die nahe St.-Jakobi-Kirche neugotisch in den Himmel sticht, flößen mir Respekt vor den einstigen Bauherren ein. Dann weckt auch der Kuchen Demut. Erst als die Wirtin beginnt, Stammgäste am Nebentisch über ihren neuen Darmspiegelungstermin zu informieren, zahle ich und gehe lieber.

Weil sich das Amtsgericht auf zwei Häuser verteilt, spricht der Stadtführer von einem historischen Gebäude-Ensemble. An den befestigten Burghügel, auf dem es steht, erinnern noch Wallreste und Wassergraben. Als frühe Burgbewohner zählt die Chronik die Grafen Gunzelin von Wolfenbüttel und Ludolf von Peine auf, der einst Heinrich den Löwen auf Kreuzzügen begleitet habe. Die wahren Ursprünge der Burg lägen jedoch bis heute im Dunkeln.

Für die Kreuzzüge des Angeklagten, der hier am Montag

um neun Uhr Am Amthof 2 in den Sitzungssaal 15a geladen ist, gilt Ähnliches. Das Gericht will deshalb klären, was den 44-jährigen gelernten Kraftfahrzeugmechaniker aus Hameln drängte, am 11. Mai 2020 auf Facebook über »Menschen wie @EskenSaskia @ABaerbock« öffentlich zu verbreiten, sie sähen »durch ein Zielfernrohr einfach besser aus«?

Neben der SPD-Vorsitzenden und späteren Außenministerin visierte er in seinem imaginären Fadenkreuz auch die Linken-Parteichefin Susanne Hennig-Wellsow an, den Thüringer Ministerpräsidenten Bodo Ramelow, Saskia Eskens damaligen Co-SPD-Chef Norbert Walter Borjans sowie die junge Klimaschutz-Aktivistin Luisa Neubauer. »Steht denen verdammt gut«, schwärmte er weiter, »und lässt mein Herz schneller schlagen!«

All das listen die Prozessakten unter der Zeichenfolge 25 Ds 802 Js 33929/20 auf. Der Beschuldigte sei ledig, habe seine Mechanikerstelle zwischenzeitlich aufgegeben und sei nunmehr als Sicherheitskraft tätig, Nettoeinkommen 1900 Euro.

Wochen zuvor war er schon durch Tweets aufgefallen, in denen er die erste Zielperson auf seiner Hetzliste persönlich ansprach. »Ich freue mich auf den Tag«, verbreitete er am 27. Januar 2020, »an dem diese linke Revolution ihre Kinder frisst, und SIE, @EskenSaskia, und Ihre Seilschaften vom linken Mob an den Pranger gestellt und nach feinster, linksautonomer Tradition gelyncht werden.« Auch damit, so die Staatsanwaltschaft, setzte er »die Geschädigte in ihrer Ehre herab, was er auch wusste und wollte«.

Am 21. März und am 23. April schickte er auf seinem Twitter-Account noch die nationalsozialistische Propaganda-Parole »Rotfront verrecke!« hinterher. Die Göttinger Strafverfolger haben ihn deshalb wegen Beleidigung und Verbreitens von Kennzeichen verbotener Organisationen angeklagt.

Eine halbe Stunde vor Verhandlungsbeginn warte ich mit

Notizblock und Stift vor dem giebelgeschmückten Eingang des Gerichtsensembles auf den Beschuldigten. Um ihn zu fragen, wie schnell denn sein Herz heute schlägt.

Meinungsfreudig

Mein Kameramann hat sich in reichlicher Entfernung positioniert, um nur weitwinklige Totalen von uns aufzunehmen, die den Angeklagten unerkannt lassen. Auch wenn die Verhandlung öffentlich ist und er anders als im Falle eines Strafbefehls eben auch der Öffentlichkeit ausgesetzt ist.

Zunächst betritt der Richter den Treppenabsatz zum Gerichtseingang. Zum weißen Hemd trägt er eine silberne Krawatte, die Robe wird er erst später überstreifen. Kurzer Gruß. Wir sind angemeldet.

Kurz darauf fällt uns ein etwas ungelenker junger Mann auf, der sich zwischen parkenden Autos hindurch genähert hat.

Ja, er sei der Geladene, bestätigt er knapp. Er kommt allein, ohne Anwalt. Kräftige Statur, kurze dunkle Haare, Mehrtagebart. Er wirkt zunächst weder freundlich noch abweisend. In einer roten Plastikhülle trägt er handbeschriebene Blätter mit sich. Seine Verteidigungsschrift in eigener Sache. Sie soll dem Gericht ausführlich darlegen, in welch weitsichtigem Kampfe gegen Totalitarismus er sich befinde.

Nein, er möchte in keinem Film zu sehen sein, antwortet er erwartungsgemäß. Zwar verstehe er, dass ich als Journalist Dinge »medienwirksam publizieren« wolle. Leider bringe aber, wie er es formuliert, »in der heutigen Zeit alles, sag ich mal so, was irgendwo in irgendwelchen Zusammenhang mit Nationalsozialismus und so weiter zu tun hat, auch Leute auf den Plan, die, wie soll ich sagen, nicht unbedingt so freundlich sind.« Er fürchtet, lerne ich, offenbar gewalttätige Übergriffe von Linken.

»Na ja, wenn man Ihre Sachen so liest, kann man ja Sie auch zur militanten Szene zählen«, wende ich ein.

»Ich bin meinungsfreudig, das ist richtig«, erwidert er knapp.

»Wie würden Sie es denn nennen, wenn ein anderer gesagt hätte, jemand sehe durch ein Zielfernrohr besser aus?«, frage ich.

»Das sehe ich als satirische Meinung«, erklärt er mir. »Klar, zynisch, über Geschmack kann man streiten. Aber für mich macht das jetzt nicht irgendwas aus, sag ich mal so, in Form einer Beleidigung oder so.«

Ich hatte mit vielen Varianten gerechnet. Mit einem schweigsamen Rechtsradikalen etwa, mit gewieft-streitbarem Anwalt wie der Hitler-Verehrer in Chemnitz, der die Kanzlerin ins KZ wünschte. Oder mit einem zwielichtigen Dauerhetzer, der mich einfach ignorieren würde, wie der Hundebesitzer an seinem Gartentor in Limbach-Oberfrohna. Auch auf einen Polterer war ich gefasst, der mich als verblendeten Vertreter der Mainstream-Medien beschimpfen würde. Oder auf einen kleinlauten Wirrkopf, der zwar auf seinem Twitteraccount auf stark macht, sich aber wegduckt, sobald er einem in die Augen sehen müsste.

Mein Gegenüber ist jedoch nichts von all dem. Für einen notorischen Besserwisser scheint er zu reumütig, für einen wirklich Reumütigen wiederum zu besserwisserisch. Immerhin geht er auf eine Abmachung ein, die er offenbar sportlich findet. Er beantwortet meine Fragen, ich halte mich an die Zusage, dass er anonym bleibe. Er bedankt sich sogar für mein Entgegenkommen. »Ist doch okay dann«, sagt er lässig.

Mag sein, er schiebt seine Abgebrühtheit nur vor, denke ich. Und halte ihm zugute, dass er gleich einer Staatsanwältin und einem Richter gegenübersitzt und es dort um mehr geht als um ein anonymes Kurzinterview. Immerhin drohen ihm über viertausend Euro Geldstrafe oder gar Haft. Mir wäre da vermutlich auch nicht nach einem Gespräch mit einem Fernsehreporter aus Hamburg, der bis dahin kaum wusste, wo Peine liegt.

Fast scheint es mir, dass er die Auseinandersetzung sogar gern führt. Als wolle er sich dabei schon mal warmlaufen. Schließlich reklamiert er ebenso Recht und Moral für sich, wie seine Ankläger dies tun. Womöglich hat er sogar mit einer Anklage gerechnet. Warum sonst hätte er seine Posts und Tweets mit den augenzwinkernden Hinweisen »Satiric mode in« und »Sarkasm off« einrahmen sollen, wenn nicht, um sich als vorgeblicher Satiriker für diesen Fall abzusichern?

Darauf nämlich pocht er jetzt. Satire halt, Zynismus, Geschmackssache. Grundrecht auf Kritik. Auf jedes Eingeständnis folgt seine Rechtfertigung. In Wahrheit sei doch gerade er gegen Gewalt.

»Ist die Anklage denn etwas, was Sie beeindruckt?«, frage ich.

»Natürlich. Ich hab's nicht alle Tage, dass ich irgendwo vor Gericht stehe«, räumt er ein. Und hält sofort dagegen: »Ich bin total unbescholten. Ich habe eine blütenreine Weste.«

Ob er das Gleiche denn noch mal so posten würde, frage ich weiter.

»Nein«, sagt er. »Natürlich jetzt, mit diesem Wissen, nicht.« Und kontert wieder: »Aber nichtsdestotrotz behalte ich mir das Recht vor, Kritik zu üben.«

Dann wird es Zeit, ins zweite Obergeschoss zu gehen, wo noch immer alle Saalfenster offenstehen. Die Corona-Richtlinien zwingen die Prozessparteien zudem hinter Plexiglasscheiben. Der Stuhl neben dem Beschuldigten bleibt leer. Darauf hätte der Verteidiger gesessen. Sich gegenüber wird er die Staatsanwältin sehen, die von den Göttinger Ermittlern den Fall übernommen hat. Und unter dem Landeswappen Niedersachsens den Richter, an dessen Platz schon die Akten des Falles bereitliegen.

Strahlkraft der Klugheit

Es ist Jahrzehnte her, dass ich als Reporter regelmäßig Gerichtsverhandlungen verfolgte. Ich hatte Studium und Volontariat abgeschlossen. Im Berlin nach dem Mauerfall, von wo ich als Inlandskorrespondent für *Tagesschau* und *Tagesthemen* berichtete, folgte ein spektakulärer Prozess auf den anderen. Nahezu wöchentlich saß ich im Moabiter Landgericht, das nun rechtsstaatlich über DDR-Unrecht zu befinden hatte, begangen von befehlsbeflissenen Mauerschützen bis zum Minister für Staatssicherheit Erich Mielke und schließlich vom Staatratsvorsitzenden selbst, Erich Honecker, dessen Starverteidiger ihm am Ende zur Haftentlassung und Ausreise nach Chile verhalfen.

Dass ich damals Geschichte erlebte, war mir kaum bewusst. Andere schrieben derweil offenbar gerne daran mit, wie die Gerichtsreporterin aus Hamburg, die ich mit gefüllter Champagnerschale in der Runde der feiernden Anwälte antraf, als ich deren Statement zum Prozessende einholte.

Auch an den glücklosen Richter erinnere ich mich, dem schon ein harmloses Interview, das er mir für die lokale *Abendschau* gegeben hatte, fast den Prozessvorsitz kostete. Bald darauf wurde er tatsächlich aus dem Verfahren genommen, weil er sich dafür hergegeben hatte, den Anwälten die Bitte eines Schöffen um ein Autogramm Honeckers zu übermitteln.

Vieles mag sich damals im Alltäglichen verloren haben.

Dennoch beeindruckte mich an manchen Prozesstagen, wie überzeugend bisweilen die Schlussplädoyers ausfielen. Dann hätte auch ich nach dem Redebeitrag der Staatsanwaltschaft den Beschuldigten nur noch verurteilen wollen. Was ich aber schon nach dem Plädoyer der Verteidigung wieder zurücknahm, um ihn prompt ebenso entschieden freizusprechen. Bis mich schließlich der Richter, sofern er über ähnliche Strahlkraft verfügte, mit seiner salomonischen Klugheit einnahm, mit der er das Urteil begründete. Aber das war im fernen Berlin. Nun also wieder Provinz, wenn man so will, wie schon in Bersenbrück.

Wolf im Schafspelz

Als Erstes zitiert die Staatsanwältin die Vorwürfe und Strafrechtsparagrafen, die sie heranzog. Dass sie den Zielfernrohr-Spruch des Angeklagten nicht als Billigung einer Straftat deutet, sondern nur als Beleidigung anführt, beschreibt sie als weiteres Entgegenkommen. Auch lässt sie einen möglichen Verbotsirrtum gelten, falls der Angeklagte tatsächlich nicht gewusst habe, dass die Verwendung der Nazi-Parole »Rotfront verrecke!« strafrechtlich bewehrt sei. Das wirke sich strafmildernd aus, sagt sie. Das sei es dann aber auch. Die Verpackung des Tatbestandes als Satire oder Sarkasmus schütze einen Täter nicht vor Strafe, wenn er Mitmenschen derart beleidige.

Meine stille Frage, warum sich der Tweet-Verfasser keinen Anwalt genommen hat, erübrigt sich, als er zu seinem Referat in eigener Sache ansetzt. Mag sein, er scheute die Kosten. Wahrscheinlicher aber erscheint mir bald, dass er niemandem ein schlüssigeres Plädoyer zutraute als sich selbst. Seite um Seite referiert er seine Abneigung gegen totalitäre Regime im Allgemeinen und gegen den Sozialismus im Besonderen. Die wahren Beweggründe seiner Facebook- und Twitter-Kommentare solle das Gericht mithin in seiner ehrlichen Sorge vor drohendem Unheil durch die von ihm dort benannten Personen erkennen.

»Ich verabscheue jede Form von Gewalt«, versichert er dem Richter und verliert sich danach erneut in Ausschweifungen, diesmal zur verhängnisvollen Geschichte von Rotfront und Revolution. Bis er schließlich wie schon in unserem Wortwechsel draußen auf sein Recht auf Kritik pocht, das er auch künftig nicht gedenke, sich nehmen zu lassen.

Was er angeblich Verbotenes gepostet habe, so seine selbstbewusste Botschaft an Anklage und Gericht, habe nur fremder Gewalt vorbeugen sollen, die er als historische Parallele befürchte. Immerhin sei aus gleicher Sorge in Deutschland einst auch die kommunistische KPD verboten worden. Über Geschmack und Wortwahl könne man sich zwar immer streiten. Die Vorwürfe der Staatsanwaltschaft aber weise er entschieden zurück.

Den Richter, der sich das alles geduldig anhört, überzeugt er damit nicht. Wer wirklich Gewalt verabscheue, urteilt dieser, genieße nicht den Blick auf Menschen durch ein Fadenkreuz. Auch wünsche er ihnen nicht öffentlich, dass sie gelyncht werden. »Niemand im Lande muss sich das gefallen lassen«, belehrt er den Angeklagten, »auch Politiker nicht.«

Zudem sei ihm eben nicht das Verwenden des historischen Begriffs »Rotfront« vorgehalten worden, sondern der nationalsozialistischen Propagandaparole »Rotfront verrecke!«, deren Verbreitung aus guten, ebenfalls historischen Gründen verboten sei. Er sei eben nicht das friedliebende Lamm, als das er sich gebe, endet der Richter, sondern eher Wolf, der sich in einen Schafspelz hülle.

Danach verurteilt er den Beschuldigten zu einer Geldstrafe

von 70 Tagessätzen für Beleidigung nach § 185 StGB in zwei Fällen und für die Verwendung von Kennzeichen verfassungswidriger Organisationen nach § 86a StGB in ebenfalls zwei Fällen. Das entspricht dem Antrag der Staatsanwältin, die zuvor schon selbst von früher angesetzten 110 Tagessätzen abgerückt war. Den Tagesverdienst setzt das Gericht mit 60 Euro an, sodass sich der Strafbetrag auf 4200 Euro addiert.

Tatsächlich bin ich, wie ehedem in Berlin, angetan vom Auftritt des Richters. Für den selbsternannten Kreuzritter in seinem historisch verbrämten Menschenhass könnte das die gebotene Lehre sein, denke ich. Die mögliche Strafsumme um etwa ein Drittel reduziert und dazu die Anwaltskosten gespart, das könne er als blaues Auge betrachten, mit dem er davonkomme.

Nächster Halt in Hildesheim

Mit dem Gerichtssprecher vereinbare ich, dass er mich über den weiteren Fortgang informiert. Immerhin hat der Verurteilte, der den Saal sehr rasch und so alleine verlassen hat, wie er gekommen war, nun zwei Wochen Zeit, um das Urteil anzufechten. Tage später erreicht mich die Nachricht, dass der Verurteilte tatsächlich vor dem Landgericht in Berufung gehen werde. Der angeklagte Twitter-Hetzer aus Hameln riskiert also weitere Verfahrenskosten, die ihm bei einer Bestätigung des Urteils noch zusätzlich drohen.

Warum macht er das, frage ich mich, zumal er uns doch beteuert hatte, dass ihn die Anklage klüger gemacht habe? Hat er lange darüber nachgedacht oder mit sich gerungen? Dass er klug genug ist, um sein Verhalten kritisch zu prüfen, hat er bewiesen. Im Gegensatz zu anderen, die im Netz ohne Kenntnis von Rechtschreibung und Grammatik ihre Hetze streuen, scheint er sogar belesen. Gefällt er sich so sehr in der Pose des verkannten Mahners? Oder ist er doch schlichtweg ein selbstgerechter Streithahn, dem die Einsicht fehlt? Das Recht, Kritik zu üben, auf das er so vehement pocht, hat ihm der Richter jedenfalls nie verwehrt.

Wiedervorlage also in ein paar Monaten, dann am Landgericht Hildesheim, kleine Strafkammer.

6

Vom guten Handwerker und bösen Hacker

Der singende Maler von Einbeck

Zwei Tage nach dem Zielfernrohr-Prozess und eine gute Autobahnstunde weiter redet vor der Amtsgerichtspforte der früheren Hansestadt Einbeck eine Beschuldigte weit weniger gelassen auf mich ein als der Peiner Angeklagte.

Auch hier hatte ich den schmucken Marktplatz bis dahin nicht betreten, das herrliche Fachwerk nicht bestaunt, das mittelalterliche Rathaus, die Marktkirche, die Stadtmauer, den Brunnen. Auf der Nord-Süd-Strecke zwischen Hamburg, Hannover und Frankfurt war ich eher damit beschäftigt, die Verspätungen der Bahn hochzurechnen oder im Auto durch Staus und Baustellen zu kommen.

Ein Justizsprecher hatte mich leise gewarnt. Er finde ja richtig, wie beherzt die Göttinger Schwerpunkt-Staatsanwaltschaft gegen Online-Hetze zu Werke gehe. Dennoch dürfe sie nicht jedes Augenmaß verlieren. Einbeck sei übersichtlich, man kenne einander und sei auch in der Lage, Probleme zu lösen, bevor sie einem über die Köpfe wüchsen. Wenn solche Orte als Brutstätten rechter Hetze in Verruf gerieten, helfe das keinem. Was genau er damit meinte, wusste ich da noch nicht zu deuten. Auf jeden Fall schien er nicht alle Tatvorwürfe aus Göttingen für zwingend zu halten. Aber der Reihe nach.

Ausgangspunkt des Einbecker Verfahrens war der Facebook-Kommentar eines örtlichen Geschäftsmannes, der einen alteingesessenen Malerbetrieb führte. Im Zuge der Debatte um syrische Bürgerkriegsflüchtlinge hatte er sich dazu hinreißen lassen, öffentlich einen umfangreichen Text zu teilen, den er zwar nicht selbst verfasst, aber erkennbar gutgeheißen hatte.

Darin hieß es pauschal über »das Volk aus dem Morgenland«, es stelle, wo immer es auftauche, nur »Endlosforderungen«, von der eigenen Moschee über »islamische Feiertage« bis zu »abgetrennten Bereichen in Schwimmbädern«. Zudem habe ein jeder von ihnen »2 Frauen & 7 Kinder & keine Zeit zu arbeiten«, schicke seine Sprösslinge nicht zur Klassenfahrt und drohe stattdessen nur mit »Rabatz«. Am Ende verstieg sich der Text zum vollends volksverhetzenden Fazit: »Es wird geraubt, überfallen, verprügelt, vergewaltigt & gemordet, als wäre dies das Selbstverständlichste von der Welt!« Dazu folgte als versuchte Klarstellung: »NEIN ich bin nicht rechts! Sondern Realist.«

Als der Handwerker das Online-Pamphlet laut Staatsanwaltschaft mit seinem Kommentar »So wahr« versah, hatte es bereits 36 ähnliche Kommentare, 34 Like-Daumen und Herzchen auf sich gezogen. Die Göttinger Staatsanwaltschaft brachte einen Strafbefehl wegen Volksverhetzung nach Paragraf 130 StGB auf den Weg, den das Amtsgericht zustellte. Unter dem Aktenzeichen 802 Js 5520/21 sah sich der Mittelständler mit 120 Tagessätzen Strafforderung konfrontiert, was sich in seinem Fall auf 9600 Euro summierte. Der Malermeister ließ sich mit seiner Antwort zunächst Zeit, die er offenbar für die Anwaltssuche benötigte.

Inzwischen sichteten die Strafverfolger die Kommentare

aus Einbeck und Umgebung, die wiederum den Eintrag des Malers guthießen und ihn dabei als bekanntermaßen unerschrockenen Zeitgenossen lobten. Diese Beschuldigten, die ebenfalls Strafbefehle erhielten, waren aus Sicht der Ermittler zugleich mögliche Belastungszeugen, falls der Maler seine Urheberschaft bestreiten und gegen die Strafzahlung vor Gericht ziehen würde.

So kam es, dass auch die 72-jährige Siegrid B. ins Blickfeld der Fahnder geriet, die nun in Strickjacke, heller Hose und Turnschuhen vor mir steht und ein dickes Kuvert mit Papieren aus ihrer Handtasche zieht. Die Frau trägt ihr weißes Haar als Pony, eine weinrote Hornbrille, dazu Lippenstift in gleichem Farbton. An der Bluse fällt der mittig platzierte Sticker der IG-Metall auf. Ihr Blick ist direkt, ihr Tonfall deutlich, zum Nachfragen muss man sie unterbrechen. Zu ihrer weiteren Verteidigung hat sie zwei Begleiter mitgebracht, die sie mir als ihren Ehemann und einen persönlichen Freund vorstellt.

Gehackt, wie gesagt

»Ich hab eine Vorladung gekriegt bei einem Herrn von der Polizei«, erzählt sie ihre Geschichte. »Und da hab ich angerufen und der Beamte hat gemeint, ich müsste dazu nichts aussagen.« Es sei um einen Eintrag »im Facebook« gegangen. »Und ich sagte ihm, ich bin mir keiner Schuld bewusst, auf gar keinen Fall. Und jedenfalls sagte er, na ja gut, dann lassen wir das so, da wird wohl nichts weiter kommen.«

Es habe dann eine Weile gedauert, dann sei aber doch etwas gekommen. Ein Strafbefehl nämlich, über 1800 Euro. »Das war's, ne?«, sagt sie und nickt ihrem Ehemann zu. »Und ich weiß davon überhaupt nichts«, fährt sie fort, »also von dem Eintrag. Ich hab den gar nicht gelesen. Zu meinem 70. Geburtstag, an dem das war, da hatte ich ganz was anderes zu tun, als mich mit meinem Facebook zu beschäftigen.«

»Was sollten Sie denn geschrieben haben?«, frage ich nach.

»Ich sollte geschrieben haben: Und die Chaoten lassen es sich hier gut gehen!«

»Das war dann ein Kommentar zu einem anderen Facebook-Eintrag ...«

»Ja, das war es«, stimmt sie zu.

»... zu einem anderen Eintrag, in dem was genau stand?«

»In dem stand: Ausländer haben 7 Kinder und wollen nicht arbeiten und verlangen ihre eigenen Schwimmbäder.«

»Aber diesen Kommentar kannten Sie gar nicht, sagen Sie.«

»Den kannte ich gar nicht, nein, hab ich noch nie vorher gesehen, gar nicht. Ich hab das erst gelesen in dem Schriftstück hier.«

»Also sehen Sie sich als falsch beschuldigt an?«

»Ja natürlich. Wissen Sie, wie lange ich schon Ausländer betreue? Ich komme aus der ehemaligen DDR, aus Thüringen. In unserem Betrieb, das waren Teppichwerke, da waren viele Wolgadeutsche, und da ich ja Russisch kann, hab ich diese Wolgadeutschen betreut. Da kam einer an mit einer Frau, die konnte nicht ein Wort Deutsch. Der hab ich Arbeit besorgt, ich hab die Kinder betreut. Und bis hin zur deutschen Sprache hab ich die Leute betreut.«

Als ich die beiden Begleiter der Frau anspreche, will sich zunächst der Ältere vorstellen.

»Das ist mein Mann«, kommt sie ihm zuvor. »Und weil ich seit 57 Jahren in der Gewerkschaft bin, ist auch der Leiter unserer Altersgruppe mitgekommen. Auch der möchte mich hier unterstützen.«

»Einen Rechtsanwalt haben Sie sich aber nicht genommen?«, frage ich.

»Nein«, erwidert sie. »Wissen Sie, ich betreue Albaner, schon ewig. Behördlich, meine ich. Zum Finanziellen will ich jetzt gar nichts sagen, überhaupt nicht. Ich betreue die privat.«

Ich deute ihre Antwort so, dass sie sich für erfahren genug hält, auch für ihre eigenen Interessen vor Staat und Justiz einzutreten. »Das heißt, Sie rechnen mit einem Freispruch?«

»Ich hoffe, ich hoffe. Denn ich hab noch nie was gegen Ausländer gehabt, noch nie.«

Noch einmal frage ich nach, wie der zitierte Eintrag wohl auf die Facebook-Seite gekommen sein könne. Das wisse sie auch nicht, beteuert sie. »Und ich hab dem Beamten auch noch gesagt, ja, in dem Schriftstück stand etwas von dem Malermeister, den hier jeder kennt. Das ist unser singender und dichtender Malermeister. Aber von dem hab ich auch noch nie so einen Eintrag gesehen. Im Gegenteil.«

»Sind Sie mit dem befreundet?«, frage ich. »Ich meine, folgen Sie ihm denn auf Facebook?«

»Ich folge ihm nicht«, sagt sie. »Ich sehe ihn nur manchmal, wenn er was singt.«

Bevor unser Dialog weiter mäandert, meldet sich der Ehemann doch noch erfolgreich zu Wort. »Gehackt wurdest du da«, springt er ihr bei. »So war das.«

»Ja, das weiß ich eben alles nicht«, übernimmt sie erneut, »weil ich ja wie gesagt gehackt wurde. Und eh ich das gemerkt hab, eh mein Mann da ein anderes Passwort eingegeben hat, da war das wahrscheinlich schon passiert. Ich hab das gar nicht gelesen. Ich hab alles durchsucht, da stand nichts davon drin. Und ich hab in meinem Facebook nie etwas gelöscht.«

Der Gewerkschafter erscheint unterdessen schweigsam. Ich frage ihn, wie er darüber denke.

»Ich sehe das ganz einfach so, dass ich meiner Kollegin geraten habe, nach dieser Geschichte bei Facebook tschüss zu sagen«, meint er zackig. »Einfach auf Wiedersehn!« Er selbst würde das »liebend gerne auch tun«, fühle sich aber als Dienstältester der Gewerkschaftsgruppe den Mitgliedern verpflichtet, die sich nun mal gerne über Facebook austauschten. »Oder über WhatsApp«, fügt er an.

Weil der Prozessbeginn naht, versucht sich der Ehemann in einem abschließenden Fazit. »Ich habe das mit dem Polizeibeamten ja mitgekriegt, als der am Telefon war«, hebt er an. »Und der hat zu ihr gesagt ...«

»Dass da nichts weiter kommt ...«, übernimmt sie ein letztes Mal, bevor sie beide nahezu synchron fortfahren: »... da brauchen Sie keine Angst zu haben! Da schreib ich jetzt 'nen Eintrag rein und ist gut.«

Messer im Auto

Gut war nichts. Schon bei der Feststellung der Anwesenden läuft der Prozessauftakt fast aus dem Ruder. Die Richterin und die Staatsanwältin sprechen durch Corona-Masken. Die Angeklagte, die schwerhörig ist, versteht mitunter keine von beiden. Immer wieder kommt es zu Fehldeutungen. Die Richterin wirkt bald genervt, die Angeklagte gibt sich schnippisch.

Dazu kommen die Widersprüche, die sich in der Sache ergeben. Demnach war die 72-Jährige zunächst als Zeugin von der Polizei kontaktiert worden, ohne dass sie sich zur Sache geäußert habe. Danach habe sie dann auch selbst einen Strafbefehl erhalten, bestätigt der als Zeuge geladene Polizeibeamte. Daraufhin habe sie sich zwar rasch gemeldet, aber nicht erklären können, wie es zu dem Eintrag in ihrem Facebook-Verlauf gekommen sei.

Auch den Wortlaut gibt der Beamte anders wieder als die

Angeklagte. »Diese Kaoten«, zitiert er den Originaleintrag, »benehmen sich unmöglich.« Gegen den Strafbefehl habe die Beschuldigte dann Einspruch erhoben, so sei es zur Hauptverhandlung gekommen, sagt der Zeuge.

Die Richterin zitiert aus einem Vernehmungsprotokoll, wonach die Beschuldigte einmal geäußert habe: »Es tut mir leid, dass mein Kommentar, den ich sicherlich voreilig geschrieben habe, falsch verstanden worden ist.«

Auch daran will sich Siegrid B. nun nicht erinnern. Stattdessen beteuert sie ein ums andere Mal: »Ich wurde wahrscheinlich gehackt.«

Ganz so, als biete ihr allein dieser Satz in den Untiefen des Gerichtssaales ein sicheres Ufer.

Als der Beamte beschreibt, wie er die Beschuldigte ermittelt habe, gerät die Verhandlung zur Posse. »Ich rief das Profil auf und fand dabei auch Fotos von in der Straße geparkten Autos«, sagt er aus. Beim Überprüfen der Kennzeichen habe er dann als Halterin die Beschuldigte gefunden. In Ermittlersprache nennt er das »einen Treffer«. Erneut wehrt sich die Beschuldigte vehement, weil sie den Zeugen so verstand, als habe die Polizei in ihrem Auto ein Messer gefunden.

Ohne dass sich das Missverständnis aufklärt, wabert die Verhandlung weiter. Vergleiche mit Prozess-Klassikern meiner Berliner Tage verkneife ich mir längst. Im Stillen komme ich mir auf der Pressebank eher vor, als sei ich zu einer *Tatort*-Folge aufgebrochen, aber im *Komödienstadel* gelandet.

Zuletzt fragt die Richterin den Beamten, ob es zutreffen könne, dass das Handy gehackt wurde. »Möglich ja, nachweisbar kaum«, erwidert er. Dazu fehlten der Polizei Personal, Zeit und technische Ausstattung. Das Gericht vergebe den Prüfauftrag trotzdem, beschließt die Richterin. Ein neuer Termin werde mitgeteilt. Siegrid B. überlässt dem Beamten ihr Handy. Alle scheinen erleichtert, dass sie gehen können.

Wie sie die Verhandlung erlebt habe, frage ich danach Frau B. im Treppenhaus.

»Also eigentlich bin ich ein bisschen geschockt«, sagt sie. »Weil ich Sachen gehört hab, von denen ich noch gar nichts wusste. Dass in unserer Gegend ein Auto gestanden hat, mit meinem Kennzeichen und mit einem Messer darin! Sie haben es doch gehört, Sie waren ja dabei!« Ich erkläre ihr den Hörfehler, ohne dass es ihren Unmut mindert.

»Stimmte das denn, was die Richterin vorgelesen hat?«, frage ich noch. »Das mit der Vernehmung, in der Sie gesagt haben sollen, der Eintrag tue Ihnen leid?«

»Ja, das ...«, setzt sie an, um dann fortzufahren: »Na, aber nur weil ich ja auch gar nicht wusste, was ich dazu sagen sollte. Aber ich hab das nicht geschrieben, auf gar keinen Fall.«

»Und den Malermeister, um den es ging, da sagten Sie, den kennen Sie gar nicht?«

»Doch, den kenn ich schon. Das ist unser singender Malermeister von Einbeck. Der dichtet Heimatlieder und singt. Aber ich hab ja nicht vermutet, dass der das ist.«

»Sind Sie denn mit ihm auf Facebook befreundet?«

»Ich schaue nur. Aber befreundet? Na ja.«

Er habe auch schon lange nichts mehr dort geschrieben, sagt sie. Man fände dort sonst immer die neuen Lieder, die er gedichtet habe. Die hätte sie sich dann angehört. Aber sonst nichts. »Und ich bin ja auch nicht rechtsradikal und gar nichts. Und nicht ausländerfeindlich. Auf gar keinen Fall. Die Menschen haben es einfach schwer, wenn die aus solchen Kriegsgebieten kommen. So was kann man doch nicht verurteilen. Das find ich nicht gut. Das ist schockierend. Auf jeden Fall. Das würde ich auch nicht beklatschen. Auch nicht aus Versehen.«

Da lebe ich

Der Malermeister ist in der Tat stadtbekannt. Das Profilfoto des Facebook-Users Peter Z. zeigt ihn mit lichtem Haar, lächelnd am Bürotelefon. Freudig um ihn gruppiert, die zehnköpfige Belegschaft in weißer Malermontur. Zum 40-jährigen Firmenjubiläum besuchte ihn eine Delegation der örtlichen CDU und postete lobend: »Interessant, wie viel kluge Firmenphilosophie hier über Jahre gelebt wurde und heute noch immer.«

Ansonsten zeugen die Einträge vor allem vom Musikliebhaber. Z. verlinkt Konzerte auf Youtube, von Little Richard bis Sting. Dazu auch mal ein Gedicht von Ringelnatz und den Corona-Quarantäne-Hashtag »#WirBleibenZuhause«. Die Verläufe Rechtsradikaler lesen sich anders.

»Ja, in Einbeck, da lebe ich«, singt der Heimatdichter im Video über die Stadt der Braumeister. »Und ich feiere nicht ohne Dich. Und ich trink dabei unser Bier. Eins, zwei, drei, auch mal vier.« Ringelnatz reimte besser.

Gekonnt begleitet er sich indes an der Gitarre und rühmt in seinen Versen Arbeitstakt und Fleiß der Region. »Hier wird geschuftet, Tag und Nacht, weil man aus Wasser und Gerste Bier dort macht.«

Aber auch schlechter zu reimen als Ringelnatz ist noch nicht strafbar. Wie verfängt sich so einer, frage ich mich, bloß in den Fallstricken der Hass-Fahnder?

Als ich mich auf den Weg zur Firmenadresse mache, weil dort am Telefon niemand abnimmt, finde ich ein derart buntes Anwesen vor, dass man auch ohne Türschild auf den Malerbetrieb hätte schließen können. Die Stäbe des Gitterzauns reihen sich in Regenbogenfarben auf. Von der Hauswand grüßen ovale Bildmotive. Eines zeigt eine blauäugige Frau mit strohblond wallenden Locken und Schreibfeder in der

Hand. Die künstlerische Reife erinnert mich an Lokale, die man eher wegen der soliden Pizza oder Gyrosplatte aufsucht als wegen perfekter Wandgestaltung.

Im zweiten Oval zieht ein orangefarbenes Fabeltier mit Schnabel, Wimpern und Federkrone eine speckige violette Made aus der Erde. Darüber windet sich die Weisheit, wonach allein der frühe Vogel den Wurm fängt.

Darauf, dass auch die Malertruppe heute früh aufbrach, deutet nichts hin. Der Betriebshof wirkt ungenutzt. Die Holzbohlen und Metallgestänge liegen aufgestapelt bis unter das Regendach. Ein Lieferwagen scheint lange nicht bewegt worden zu sein. Die Frau, die mir schließlich die Tür öffnet, erklärt mir, sie habe das Haus vor Kurzem übernommen. Der Maler habe sich zur Ruhe gesetzt. Freundlicherweise überlässt sie mir seine Handynummer.

Rechte Scheiße

Noch vom Hof aus rufe ich ihn an. Er hört sich nicht wirklich abweisend an, aber treffen mag er mich nicht. Er sei nun 77 Jahre alt, da sei es Zeit gewesen für den Ruhestand, sagt er. Der Strafbefehl habe ihn sehr geärgert, lässt er erkennen, allein schon wegen der Höhe. Er habe im Betrieb auch Türken ausgebildet. Wie könne man ausgerechnet ihm da Fremdenfeindlichkeit vorwerfen? »An dem Text fand ich fünfundneunzig Prozent gut«, meint er. »Fünf Prozent nicht.«

Tatsächlich hatte der Ausgangstext noch einen zusätzlichen Vorlauf, auf den er seine Rechnung offenbar stützt. »Mit keinem einzigen Zuwanderer, der zum Arbeiten nach Deutschland kam, musste man je über Integration sprechen«, hieß es da. »Wir brauchten wegen Italienern keine Armeslänge Abstand & für Chinesen kein Pfefferspray oder eine Waffe.« Diese Menschen seien Teil unserer Kultur geworden und hätten »unseren Alltag wirklich bereichert«.

Doch was begann wie ein Multikulti-Plädoyer, zeichnete andere Volksgruppen wohl nur deshalb so weich, um anschließend umso entschiedener eben gegen »das Volk aus dem Morgenland« auszuteilen, dem Deutschland verschlossen bleiben solle. »Zuwanderung ja«, hatte die Überschrift nicht umsonst vorgegeben, »Unterwanderung nein.«

Würde er das heute noch immer zu fünfundneunzig Prozent gut finden? Und noch mal posten?

»Natürlich nicht«, sagt er. So wie ein Temposünder es sagt, der eher bereut, dass er geblitzt wurde, als dass er gefährlich schnell fuhr.

Tatsächlich habe er zunächst nach einem Verteidiger gesucht, um dem Strafbefehl zu widersprechen, räumt er ein. Selbst der Anwalt, auf den er am Ende gehofft hatte, habe dann aber abgewunken. »Mit dieser rechten Scheiße«, habe der nur geantwortet, wolle er »nichts zu tun haben«.

Das Wort ist viel

Peter Z. hat sich dann zusammengerissen und bezahlt. Wenn es sich schon nicht mehr ändern ließ, wollte er das Ganze wenigstens rasch hinter sich lassen. Als ich einwerfe, das klinge jetzt aber nicht wirklich nach der großen Reue, widerspricht er nicht. Trotzdem dürfte ihm ein Ausrutscher wie dieser, der ihn über 9000 Euro kostete, wohl nicht mehr unterlaufen.

Dennoch verstehe ich die Vorbehalte, die mir der Einbecker Justizsprecher vorab anvertraut hatte, nun besser. Peter Z. ist kein notorischer Hetzer, ebenso wenig wie seine zerstreute Anhängerin, egal wie glaubwürdig sie ihre Rolle als Hackeropfer vor Gericht reklamiert.

Schießt das Gesetz gegen Hass im Netz damit aber schon über sein Ziel hinaus? Treffen die Strafbefehle eher die harmlosen Social-Media-Mitläufer als diejenigen, die sie viel mehr verdient hätten?

Der Einwand gegen die Strafjustiz, dass sie die Kleinen aufhänge, die Großen aber laufen lasse, ist so alt wie das Einbecker Rathaus. Der Göttinger Chefermittler, der die Strafbefehle auf den Weg brachte, lässt ihn dennoch nicht gelten, als ich dort zurückfrage.

Spätestens seit dem Mord an Walter Lübcke, wenn nicht schon nach Übergriffen auf Fremde und Minderheiten zuvor, sagt Oberstaatsanwalt Frank-Michael Laue, müsse auch dem Letzten im Lande klar sein, wie schnell aus der zunehmenden Hetze in der digitalen Welt »auch ein analoges Geschehen« werden könne. »Gerade deshalb müssen wir schon im Vorfeld, eben im Stadium des Digitalen, der Hasskriminalität mit einer nachdrücklicheren Strafverfolgung begegnen als bisher.«

Eben vor diesem Hintergrund sei die neue Zentralstelle ja gegründet worden. »Es ist schlicht nicht mehr hinnehmbar«, findet er, »wenn Ermittler solche Verfahren schon von vorneherein einstellen, mit der Maßgabe, das sei alles nicht so schlimm und das Verschulden ohnehin gering.«

In der Abwägung neige ich dem Strafverfolger zu. Hetze ist, wenn jemand Hetzendes verbreitet. Wie böswillig er dies tut oder wie naiv, wie reumütig er ist oder nicht, mag sich auf das Strafmaß auswirken, nicht aber auf den Tatbestand.

Der Umstand, dass raffiniertere Täter eher davonkommen als naive, trifft zudem das gesamte Strafrecht. Warum sollte deshalb nur das neue Gesetz als Irrläufer gelten? Auch wer nur deshalb vorsichtiger fährt, weil er geblitzt wurde, fährt immerhin vorsichtiger. Und wer erlebt hat, wie konsequent Kommunen ihre Bußgelder eintreiben, ohne dass man für sein Parkvergehen eine komplexe Täterpersönlichkeit anführen könnte, der weiß, wie routiniert der Rechtsstaat funktionieren kann.

Prävention heißt also nicht zwingend, dass alle von Grund auf bekehrt werden. Auch die Hamburger Davidswache knipste der Reeperbahn nie das Rotlicht aus. Und selbst wenn allen Attila Hildmanns dieser Welt nur die Mitläufer ausgehen, wird diese Welt besser. Ein Anführer ohne Gefolge, sagen die Amerikaner, ist nur jemand, der eben irgendwo läuft.

»Willst Du meine Stadt verstehn«, singt Peter Z. in seiner Einbeck-Hymne weiter, »musst Du auf den Marktplatz gehen.« Hätte er dort geträllert, dass das Volk aus dem Morgenland wie selbstverständlich raube, vergewaltige und morde, hätte ihm wohl auch eine Anzeige geblüht.

Seinen Kompass wird der Maler-Songwriter dennoch nicht völlig neu justieren müssen, halte ich ihm auf unserer Weiterreise zugute. Es reicht, erst aufmerksam zu lesen, was man meint verbreiten zu müssen, und gelegentlich seine Quellen zu prüfen.

Die zweite Inschrift an seinem früheren Malerbetrieb jedoch, die über der märchenhaft gelockten Frau mit Feder, erstrahlt nunmehr in neuer Bedeutung. »Das Wort ist viel, die Tat ist alles«, steht da noch immer. Fast so, als hätte es ein Oberstaatsanwalt aus Göttingen verfasst.

7

Extrem digital
Schockkunst im Emsland

Landschaftlich erscheint der Westen Niedersachsens noch übersichtlicher als der schon weithin platte Rest. Die einzig verbliebenen Erhebungen sind nun Deiche, auf die man mitunter direkt zufährt. Dann weisen Schilder nach links Richtung Jemgum und Ditzum und nach rechts Richtung Bingum.

Oder nach Twist, das man mit lang gedehntem Vokal ausspricht, so wie in Biest oder Tweet. In Twist soll der Kleinkünstler wohnen, dessen Motive sich von denen des Einbecker Malers vor allem dadurch unterscheiden, dass ihre Schockwirkung größer ist.

Es sind jene Fotos und Animationen, die Staatsanwältin Svenja Meininghaus in Göttingen unter dem Arbeitstitel »Frauenhasser« führt. Kapitalverbrechen wie Mord und Vergewaltigung werden darin in der Tat wie selbstverständlich dargestellt, vorzugsweise zeitgleich. Zuletzt war der Schockkünstler unter seiner Adresse nicht erreichbar, nicht einmal für seinen Anwalt, weshalb ich in der Lingener Innenstadt nun dessen Kanzlei aufsuche.

Auch auf seinen Online-Seiten tarnt sich der Beschuldigte und verbreitet seine blutrünstigen Kreationen dort offenbar nur unter Pseudonym. Da er dafür laut Staatsanwaltschaft schon mal lizenzpflichtige Schusswaffen verwendete, wurde gegen ihn auch wegen unerlaubten Waffenbesitzes ermittelt.

Die Bilder, die den Strafverfolgern als Beweismittel dienen, sind zu diesem Zeitpunkt noch öffentlich zugänglich. Eines davon liegt nun vor Rechtsanwalt Lukas Koop auf dem Kanzleitisch, neben der Akte seines Mandanten. Da er dessen Einverständnis nicht voraussetzen kann, darf er nicht über Einzelheiten des Falles reden. Über die Grenze zwischen Kunstfreiheit und Straftat aber schon. Und über vieles andere auch, was ihm in seinem Beruf seit Jahren auffällt.

Die Kanzlei im ersten Stock eines Geschäftshauses führt Koop gemeinsam mit dem Vater, der sie vor über vierzig Jahren in Lingen gründete. Die Büros scheinen eher beengt als gediegen. Weder fällt mir ein Ambiente von Staranwälten auf, mit Stuckdecken und edlem Design, noch finden sich Anzeichen dafür, dass sich hier die Halbwelt einer grenznahen Region träfe. Als ich Lukas Koop wegen seines Mandanten anrief, hatte mich vielmehr beeindruckt, wie anschaulich er aus dem Anwaltsalltag erzählte.

Über die Jahrzehnte habe die Kanzlei vielerlei Mandanten erlebt, sagt er. Vor Gericht landeten auch zu Unrecht Beschuldigte. Andere hielt er auch selbst für schwierige Kaliber. Mitunter traf sogar beides zu. »Jeder hat hier das Recht, anständig verteidigt zu werden«, sagt er, »und das ist auch gut so.«

Koop Junior trägt Jeans, ist gertenschlank und sendet in der Tat eher etwas Jungenhaftes aus als geruhsam gereifte Advokaten-Aura. Dennoch redet er reflektiert. Spricht er allgemein von Mandanten, nennt er möglichst die Mandantinnen mit, auch da möchte er gerecht sein. Man nimmt dem Mann ab, dass er seinen Beruf liebt. Nur eine Einschränkung habe die Kanzlei sich auferlegt, schickt er voraus: »Wir verteidigen hier keine Nazis.«

Bunt gemischt

»Haben Sie öfter Mandanten, die Probleme mit Frauen haben?«, frage ich.

Das Bild auf dem Tisch, das ich aus meinem Drehmaterial auf dem Tablet aufrief, zeigt die Animation einer schreienden nackten Frau in Fesseln, deren Gedärm gerade an einem bluttropfenden Metallhaken aus dem aufgeschlitzten Unterleib gezogen wird. Die Anklage führt es als Beispiel für verherrlichende Gewaltdarstellung.

»Das hängt ein bisschen davon ab, welche Probleme Sie genau meinen«, holt Koop aus. »Wir haben natürlich viele strafrechtliche Mandate, wo es um innerfamiliäre Auseinandersetzungen geht. Wo etwa in der Familie sehr viel Negatives passiert ist. Aber natürlich auch Fälle, ich sage mal mit schwierigem Frauenbild. So wie es eigentlich nicht sein sollte. Da geht es dann auch um Meinungen und Äußerungen über Frauen, die strafrechtlich relevant sein können.«

Koop kennt auch die anderen Beweisfotos, die genüsslich Mord und Vergewaltigung in Tateinheit darstellen.

Ich frage, wo er die Grenze ziehe, an der die künstlerische Darstellung von Gewalt ende und deren strafbare Verherrlichung anfange.

»Alles ist erst mal ein Einzelfall«, antwortet er. »Man muss jedes Mal schauen: Ist der Tatbestand, der hier vorgeworfen wird und der dann möglicherweise auch zur Anklage kommt, ist der erfüllt, ja oder nein? Das ist schon nicht so einfach. Gleichwohl gibt es natürlich bildliche Darstellungen, von denen man sagen muss, dass sie, auf gut Deutsch, geschmacklos sind.«

Mir werde davon übel, sage ich. Selbst dem erfahrenen Oberstaatsanwalt sei es ähnlich ergangen, und der sehe jeden Tag Schlimmeres als ich.

»Ich schaue mir das ja auch nicht an, weil ich da Lust darauf habe oder weil ich es toll finde, sondern weil ich es muss«, erwidert Koop. »Und weil wir für jede und jeden eine ordentliche Verteidigung leisten. Deswegen müssen wir in jedem Einzelfall schauen: Ist da was dran? Können wir über einzelne Punkte der Anklage vielleicht sprechen? Da geht es natürlich dann um jedes einzelne Bild, jedes einzelne Werk. Jedes Wort steht dann womöglich auf dem Prüfstand.«

Aber auch wenn es nachweislich um Darstellungen übelster Straftaten und Gewalt gehe, müsse natürlich erst nachgewiesen werden, dass der oder die Angeklagte tatsächlich die Person war, die das veröffentlicht habe. Es gebe durchaus Verfahren, die deshalb eingestellt würden.

Wie seine Mandanten eigentlich zu ihm kommen, frage ich weiter. »Rufen die an und sagen: Ich habe da ein Problem? Oder sind die eher empört, wenn sie die Beschuldigungen gehört oder gelesen haben? Und sagen: Das geht gar nicht, was die mir da vorwerfen!«

»Das ist bunt gemischt«, sagt er und lehnt sich zurück. »Wir sind hier in einer Kleinstadt, da ist es oft so, dass ein Mandat über Empfehlungen zustande kommt. Die Kanzlei gibt es schon sehr lange.« Da sei es dann sicherlich auch der Name, der helfe. Es gebe aber gewiss auch Leute, die spontan sagten, sie bräuchten einen Strafverteidiger, egal welchen, und dann einfach vorbeikämen. »Ganz oft ist es auch so, dass sie sehr spät kommen«, schildert er weiter. »Eben nicht dann, wenn sie das erste Schreiben von der Polizei bekommen haben, mit der Aufforderung, sich zu einem Vorwurf zu äußern. Das wäre nämlich in der Tat der Moment, wo man zu einer Anwältin oder einem Anwalt gehen sollte, statt blindlings in eine Vernehmung zu gehen.«

Tatsächlich kämen viele sogar noch später. Da liege dann schon die Anklage auf dem Tisch oder der Strafbefehl. »Und dann geht es erst mal nur darum, keine Fristen zu verpassen. Oder es rufen sogar Leute an und sagen ganz aufgeregt: Hier ist jetzt gerade die Polizei! Das sind durchaus auch mal Eltern, die verstört sagen, was ist hier los, was ist mit unserem Kind? Da ist dann auch die Nachbarschaft schon hellhörig, selbst wenn die Polizei in Zivil kommt.«

»Und?«, frage ich. »Was raten Sie dann?«

»Man muss denen natürlich erst mal sagen: Klappe halten! Wahrscheinlich ist es dafür dann aber schon zu spät. Und vorbeikommen. Sachen mitbringen. Auch wir kriegen dann natürlich den Beschluss ausgehändigt und das Protokoll der Sicherstellung, die sich womöglich hätte vermeiden lassen. Man sollte Sachen jedenfalls niemals freiwillig herausgeben. Es ist auch das gute Recht eines jeden Beschuldigten, dass man da die Klappe hält und nicht zustimmt, wenn alles Mögliche mitgenommen wird.« PIN-Nummern etwa müsse niemand herausgeben.

»Aber die Strafverfolger kommen doch gerade, weil sie Beweise sichern wollten und Tatwerkzeuge«, wende ich ein.

»Das können sie ja auch im Zweifelsfall tun. Den Laptop dürfen sie ja mitnehmen. Das Handy auch. Aber niemand muss Codes und Passwörter verraten.«

Sicherlich könnten Ermittler sich auch ohne deren Kenntnis Zugang zu Datenträgern verschaffen. Es mache es für sie aber aufwändiger. Den Zugang zur Wohnung zu verwehren nutze indes nichts. »Wenn die Polizei da ist, mit einem Durchsuchungsbeschluss eines Amtsgerichtes«, sagt Koop, »dann hilft es nicht mehr, die Tür zuzuhalten.«

Alles nicht schön

Im Anwaltsalltag beginne seine Arbeit gewöhnlich mit dem ersten ausführlichen Mandantengespräch. Er übernehme dann vermutlich die Verteidigung, weil diese jedem zustehe und weil er womöglich das Strafmaß senken könne oder sogar die Chance sehe für einen Freispruch.

»Kommt Ihnen denn da auch mal ein Satz über die Lippen wie ›Jetzt mal unter uns …‹ oder ›Achten Sie doch in Zukunft auf …‹ oder gar ›Wie konnten Sie nur …?‹«, frage ich.

Das komme ganz auf das jeweilige Verhältnis an, sagt er. Als eher junger Verteidiger betreue er oft Beschuldigte, die älter seien als er. Sich da hinzustellen und zu sagen, »Wie konnten Sie nur …«, sei in der Situation nicht hilfreich.

»Wir machen aber in aller Regel eines sehr deutlich: Wenn man bestimmte Dinge tut, können sie derartige Konsequenzen haben. Wenn ich jemandem mit der Faust auf die Nase haue, hat das womöglich Folgen. Wenn ich ohne Führerschein Auto fahre und angehalten werde, dann wird es nicht besser. Und das gilt womöglich auch, wenn ich Bilder ins Internet stelle.«

Ich zitiere die Leitlinie der Göttinger Zentralstelle, dass schon der Blick auf Ermittler, die in der eigenen Wohnungstür stehen, präventiv wirke. Unabhängig davon, ob ein Verfahren am Ende zur Verurteilung führe oder eingestellt werde. Koop sieht das auch so.

»Wir haben natürlich auch in unserer Praxis Wiederholungstäterinnen und -täter, die öfter als einmal hier sind«, erzählt er. »Trotzdem tut auch ein Ermittlungsverfahren, eine Hausdurchsuchung oder am Ende im Zweifelsfall eine Rechnung von mir den Betroffenen weh.« Auch die Gerichtsverhandlungen, wenn es dazu komme, seien öffentlich, sodass praktisch jeder vorbeikommen könne. »Wer da nicht in der

Anonymität der Großstadt verschwindet, sondern wie hier in einem kleinen Amtsgerichtsbezirk wohnt, der findet sich schon mal in der Lokalpresse wieder. Das ist alles nicht schön.«

Ob sich seine Klientenschaft gewandelt habe, frage ich.

Die Mandantschaft sei nach wie vor überwiegend männlich, aber es gebe auch Frauen, sagt er. Die Altersstruktur reiche von Jugendlichen über Erwachsene bis hin zu Beschuldigten und Tätern im Rentenalter. Es sei schlichtweg alles dabei, wenngleich er nur von denen erfahre, die dann auch zum Anwalt gehen. »Das ist vielen Leuten ja extrem unangenehm«, bilanziert Koop. »Die zahlen dann im Zweifelsfall, falls sie einen Strafbefehl bekommen, die Geldstrafe im schriftlichen Verfahren. Und hoffen, dass das ganz schnell vorbeigeht.«

Wer schreibt, bleibt

Was er als Anwalt vom neuen Gesetz gegen Online-Hetze halte, möchte ich wissen. Ob er nachvollziehen könne, dass die Politik Handlungsbedarf gesehen habe, weil in den Netzwerken nicht nur die Sprache verrohe, sondern in der Folge auch der tatsächliche Umgang miteinander.

»Es sollte niemals rechtsfreie Räume geben«, erwidert der Anwalt, »wo jeder tun kann, was er will, ohne Rücksicht auf andere zu nehmen und ohne die Rechtsordnung zu achten, die uns alle verbindet.« Allein die Schlagzahl etwa an Beleidigungen im Internet werde vermutlich die Rechtsprechung verändern, zumal diese ja dort sehr nachvollziehbar dokumentiert seien. »Das macht einen entscheidenden Unterschied zu früher, selbst wenn der Inhalt einer Beleidigung womöglich der gleiche ist. Man wird sehen müssen, wie diese

Gesetzesreformen sich bewähren. Sicherlich wird es zunächst eine Vielzahl neuer Verfahren geben.«

Ob er den Eindruck von Ermittlern teile, wonach viele Täter noch immer glaubten, was sie im Netz von sich gäben, geschehe gewissenmaßen in einer anderen Welt, in der ihnen keinerlei Strafe drohe, frage ich ihn. Koop nickt.

»Was ich meinen Mandantinnen und Mandanten inzwischen oft sage, ist der Satz: Wer schreibt, der bleibt!«, sagt er erheitert und blickt auf das Bildmotiv auf dem Tablet. »Wer also solche Sachen ins Internet stellt, der muss damit rechnen, dass das auch jemand sieht und mitliest, der Dinge anders beurteilt. So anonym, wie die Leute glauben, ist das Internet schlicht und ergreifend nicht.«

»Woran liegt das, dass das so vielen immer noch nicht klar ist?«, frage ich. »Das Internet ist ja nicht mehr so neu.«

»Ich glaube, dass das auch ein Generationenkonflikt ist«, sagt er da. »Junge Menschen gehen heute anders mit dem Internet um als ihre Eltern. Alles ist extrem digitaler geworden. Das, was vielleicht früher der Stammtisch war, der Freundeskreis, das Private, das hat sich zwar nicht so verändert, dass jetzt alle ihre private Zeit nur noch in sozialen Medien verbringen. Aber sie geben dort inzwischen ihre Meinung genauso kund, wie sie es früher am Stammtisch taten. Sie wissen ja selbst, was da oft unter den Meldungen auftaucht, sei es bei der *Tagesschau* oder bei *Spiegel Online*. Wie sehr offenbar Leute das Bedürfnis haben, ihre Meinung da immer wieder zu verbreiten.«

»Das allein wäre ja nicht das Problem«, wende ich ein.

»Richtig. Das Problem ist, wie sie es tun«, stimmt er zu. »Natürlich darf man unter einen Artikel: ›Find ich gut‹ oder ›Das und das meine ich selbst dazu‹ schreiben und ihn teilen. Nur jetzt ist es eben so, dass viele Leute sich nicht mehr bewusst machen, dass sie sich dann eben nicht mehr nur unter

Freunden wie früher beim Fußball befinden oder beim Skatabend, sondern dass sie gerade etwas im gleichen Stil hinaus in die Welt posaunen. Dann sitzt man als Anwalt da und muss feststellen, wenn man die Ermittlungsakte von der Polizei bekommen hat, dass die ordnerdick ist und darin sozusagen alles Wort für Wort abgefrühstückt wird. Und dann muss man dem Mandanten sagen oder der Mandantin: ›Da steht alles drin. Hier sind alle Posts, die Sie gemacht haben. Und jetzt müssen wir sehen, ob man Ihnen das nachweisen kann.‹«

»Und wie reagieren die darauf«, frage ich zuletzt. »Gibt es da typische Muster?«

Koop unterscheidet daraufhin drei Kategorien. »Es gibt natürlich die Mandantinnen und Mandanten, die sagen: ›Joah, ist wohl so‹«, skizziert er. »Dann gibt es jene, die sagen, was ja auch ihr gutes Recht ist: ›Das stimmt alles nicht, ist alles Quatsch.‹ Und es gibt die Leute, die das alles erst dann so richtig realisieren. Die sind dann wirklich schockiert.«

8
Bin ich jetzt ein Denunziant?
Zeugen in der Klemme

Die Stimme am anderen Ende der Leitung stockt, die Antworten kommen nur zögernd. Es sei die Polizeiinspektion einer friesischen Kleinstadt gewesen, erfahre ich von dem Mann am Telefon, die den Aktenvermerk angelegt habe. Vor dort aus sei wohl dann die nächste Staatsanwaltschaft eingeschaltet worden. Dennoch legt der Mann Wert darauf, dass es keine Strafanzeige gewesen war, die er auf den Weg gebracht habe. Er habe die Polizei nur um Auskunft gebeten. Er sei unsicher gewesen, habe sich aber verpflichtet gefühlt, sich als Bürger korrekt zu verhalten.

Ich verabrede mich außerhalb seines Wohnortes mit ihm, in der Stadt, in der er arbeitet. Seinen Namen will er ebenso wenig genannt sehen wie den des Vereins, in dem sich der Anlass ereignete. Auch die Kamera dreht nur sein verschwommenes Konterfei. Dabei ist der Mann weder Beschuldigter noch Täter. Er ist nur Zeuge.

»Ich bin vor einigen Wochen von einem Außenstehenden auf Bilder und Netzkommentare angesprochen worden, die im Umfeld unseres Vereins unterwegs waren«, erzählt er. Was denn bei ihnen los sei, habe der ihn gefragt. Der Verein sei doch eher dafür da, die Gemeinschaft zu fördern, als über andere herzuzuziehen. »Oder andere verächtlich zu machen, in dem Fall unsere Regierung und unser Gemeinwesen, den Staat, der in diesen Bildern mit dem Faschismus gleichgestellt wird.«

Die drei Fotomotive, um die es ging, hatte ein dem Zeugen bekanntes Vereinsmitglied in sozialen Medien öffentlich geteilt. Die zuständige Staatsanwaltschaft nahm sie bald darauf unter der Ziffernfolge 2021 00 143 643 in ihre Ermittlungsakten. Als ich im Emsland unterwegs bin, ist das Verfahren noch nicht abgeschlossen.

Tagträume eines Netznutzers

Unter der Titelzeile »Ich hatte letzte Nacht einen Traum …«, die in ältlicher Frakturschrift verfasst ist, sitzen im ersten der Fotos acht amtierende Politiker in den Anklagebänken des Nürnberger Kriegsverbrechertribunals, beaufsichtigt von alliierten Soldaten in Weißhelmen. Die Urheber der Fotomontage haben die Köpfe der NS-Größen um Hermann Göring durch jene der Kanzlerin und des Bundespräsidenten ersetzt. Neben ihnen folgen der bayerische Ministerpräsident Söder, die damaligen Bundesminister Maas, Seehofer und Spahn sowie der Grünen-Politiker Anton Hofreiter und dessen Parteikollegin und amtierende Bundestagsvizepräsidentin Claudia Roth. Als der Vereinskamerad des Mannes das Foto teilte, kommentierte er es mit der Zeile: »War zwar arbeiten, aber Tagträume sollten erlaubt sein.«

Das zweite Motiv zeigt den gelben Davidstern, mit dem das NS-Regime Juden markieren ließ, mit der neu eingefügten Inschrift »Nicht geimpft«. Darüber als Schlagzeile in wachsender Schriftgröße: »Die Jagd auf Menschen kann nun wieder beginnen.«

Als letztes Beweisstück ist in der Akte eine Abbildung von fünfzehn Regierungspolitikern hinterlegt, die jeweils die Hand zum Amtseid heben, darunter auch hier die Kanzlerin und die Kabinettsmitglieder des ersten Motivs. Dazu als Textzeile: »Einen größeren Abschaum gab es noch nie in Deutschland!!!«

Sichtbar seien die drei Motive »für alle Freunde auf Facebook und für die Kontaktpersonen des Nutzers bei WhatsApp« gewesen, notierte sich der Polizeibeamte nach dem Zeugengespräch. Die genaue Anzahl der jeweiligen Empfänger sei »derzeit nicht zu beziffern.« Allerdings seien sie dem Meldenden zufolge mehreren Betrachtern negativ aufgefallen.

»Ich war auch selbst ziemlich fassungslos, als ich diese Bilder gesehen habe«, sagt mir der Zeuge und scheint noch immer aufgewühlt, als er sie nun erneut betrachtet. »Dieses Motiv etwa, wo die Kanzlerin, der Bundespräsident und andere offensichtlich dort sitzen, wo ja damals die schlimmsten Kriegsverbrecher saßen«, sagt er kopfschüttelnd und bewegt den Finger durch die Reihen. »Und auch die Kombination, dass jetzt der Judenstern symbolisiert wird für Nicht-Geimpfte. Also dass jetzt die Pandemiebekämpfung mit dem Nazireich verglichen wird. Mit dem Holocaust. Das geht meines Erachtens nicht.«

Der ganze Verein werde ja durch solch ein Verhalten in Misskredit gebracht. »Unsere Demokratie muss ja irgendwo auch verteidigt werden gegen so was. Irgendwo hört doch dann die Toleranz auf.«

»Derjenige, der Sie aufmerksam gemacht hat, ging ja offenbar nicht selbst zur Polizei«, merke ich an. »Der ging erst mal zu Ihnen. Haben Sie dann lange überlegt, wie Sie wiederum darauf reagieren sollten?«

»Na, ich war ziemlich ratlos«, erwidert er. »Weil, es herrscht ja mittlerweile eine große Unsicherheit. Die Querdenker und anderes rechtes Gedankengut, das ist ja alles, wie es immer so schön heißt, in der Mitte der Gesellschaft angekommen. Wie kann man sich da am besten zur Wehr setzen? Das habe ich mich schon gefragt.«

Er habe dann zunächst eben herausfinden wollen, »ob das schon was Verfassungsfeindliches ist«. Und deshalb nach Rat gesucht. »Und wie macht man das?«, berichtet er weiter. »Man fragt eben bei der Polizei, beim Kommissariat für Staatsschutz.«

Letztendlich habe er dort zwar auch keine verlässliche Antwort bekommen. Eher Unverbindliches. Das wisse man nicht immer so genau, hätten die gesagt. Und dass sie sich wieder melden würden, wenn sie etwas herausgefunden hätten. Er habe dann aber nichts weiter von dort gehört.

Warum er denn keine Strafanzeige stellen wollte, frage ich.

»Weil ich erst mal nur wissen wollte, wie mit so etwas überhaupt umzugehen ist. Ich wollte ja auch niemanden gleich denunzieren. Ich wollte erst einmal Rat.«

Er hätte ja den Verfasser auch selbst ansprechen können auf das, was ihn störte, werfe ich ein. Die Gründe dafür habe er ja schlüssig benannt. Stattdessen habe er sich entschieden, weiter in Deckung zu bleiben, auch unseren Zuschauern und Lesern gegenüber. »Welche Positionen widerstreiten da in Ihnen?«, frage ich. »Welche beiden Herzen schlagen da?«

»Das ist eine schwierige Situation, denn man arbeitet zusammen im Ehrenamt und da ist dann plötzlich so was Trennendes, das spaltet«, erwidert er. »Wie findet man jetzt den goldenen Mittelweg? Wie arbeitet man weiter zusammen? Wie hält man das Vertrauen aufrecht? Und wie kann man trotzdem aber auch wehrhaft sein? Das habe ich mich alles gefragt.«

»Haben Sie Sorge, dass Sie am Ende vielleicht mehr Leute

gegen sich haben könnten als der Verfasser, der die Posts verbreitet hat?«

»Das kann immer passieren«, meint er. »Je nachdem, wie sehr dann insgesamt die Emotionen hochkochen.«

Normales Verfahren

Er hätte erst einmal gut gefunden, wenn von der Polizei eine Antwort gekommen wäre, ob die Äußerungen, die er gemeldet hat, vom Grundrecht auf Meinungsäußerung gedeckt seien oder nicht. Dann hätte er Gewissheit gehabt, dass sein Vorwurf begründet sei, dass sich da ein Vereinskamerad, mit dem er für gemeinsame Werte eintrete, genau diese verrate. Und dass das nicht zusammenpasse.

Natürlich würde er im Falle einer Anklage dann auch als Zeuge vor Gericht auftreten, versichert er. Als mögliche Tatvorwürfe listen wir Relativierung nationalsozialistischer Gräueltaten, die Verunglimpfung von Staatsorganen, in diesem Falle des Bundespräsidenten, und Beleidigung der abgebildeten Abgeordneten auf.

»Wenn ich als ein Zeuge berufen werde, bin ich ja als Staatsbürger verpflichtet auszusagen«, findet mein Gegenüber. »Da gibt's ja dann kein Recht, die Aussage zu verweigern.«

»Sie meinen, dann sind Sie nicht mehr allein, weil sich dann auch der Staatsanwalt die Vorwürfe zu eigen gemacht hat«, erwidere ich. »Und Sie können Ihrem Bekannten gegenüber darauf verweisen, dass Sie nicht anders konnten als auszusagen. Trifft es das?«

»Genau«, sagt er, »das ist ja dann das normale rechtsstaatliche Verfahren.«

Ich räume rückblickend ein, dass ich dem Mann insgeheim

auch ein wenig Feigheit vorwarf. Wie sollte ein demokratisches Gemeinwesen wohl funktionieren, wie täglich mit Leben gefüllt werden, wenn sich niemand mehr darin getraue, selbst dessen übelste Verhöhnungen zur Sprache zu bringen? Was waren sein Pochen auf das Ende der Toleranz und sein Lobgesang auf die Demokratie wert, wenn er sie nicht ohne amtlichen Rückhalt zu verteidigen bereit war? Ich unterstellte ihm also, dass ihm eher der Mut fehlte.

Da kannte ich allerdings den Ausgang der Ermittlungen noch nicht. Tatsächlich sollte ich bald lernen, dass die Tatvorwürfe schon auf Seiten der Staatsanwaltschaft allmählich dahinschmolzen. Die Abbildung der vom Davidstern umhüllten Inschrift »Nicht geimpft« hatte sein Vereinskamerad nur auf dem Nachrichtendienst WhatsApp geteilt, was die Ermittler nicht als breitere Öffentlichkeit ansahen. Das manipulierte Facebook-Foto der Nürnberger Prozesse wiederum hatte er nicht so eindeutig kommentiert, dass es der damit betrauten Strafverfolgerin für den Vorwurf der Volksverhetzung reichte.

Allein das dritte Motiv, das Regierungsmitglieder als »Abschaum« verunglimpfte, hielt die Staatsanwältin für hinreichend, um beim Amtsgericht unter dem Aktenzeichen 802 Js 16985/21 einen Strafbefehl wegen Beleidigung zu beantragen. Und auch diesem wäre der Beschuldigte fast entgangen, da von den fünfzehn abgebildeten Politikerinnen und Politikern nur eine einzige auf die Anfrage der Ermittler den nötigen Strafantrag stellte.

Als die Strafverfolgerin mir das am Telefon anvertraut, scheint sie selbst ernüchtert. Auch räumt sie ein, dass man an die eigentlichen Urheber der Fotomontagen, ganz im Sinne der erwähnten Nur-die-Kleinen-hängt-man-These, so gut wie nie herankomme.

Kuchen und Klimawandel

Den Nutzer, der die Fotos so verbreitenswert fand, erreiche auch ich über soziale Medien. Auf Facebook und Instagram ist er regelmäßig aktiv. Auf LinkedIn stellt er sich als Mitarbeiter einer mittelständischen Firma vor. Als er antwortet, zeigt er sich mit einem Gespräch einverstanden. Ich müsse aber alleine kommen und dürfe nichts aufnehmen. Am Nachmittag komme er von seiner Schicht.

Die Straße am Stadtrand, in der er wohnt, zeigt gleichförmige Einfamilienhäuser aus den Wirtschaftswunderjahren der Republik, alle mit Satteldach, Hofeinfahrt und Vorgarten. Die Ehefrau öffnet mir. Sie hat Kaffee und Marmorkuchen vorbereitet.

Ja, es sei von Beleidigung die Rede gewesen, als die Polizei ihn zum Termin geladen habe, sagt mir der Hausherr angespannt. Den Strafantrag habe die Politikerin Franziska Giffey gestellt. Gegenüber den Beamten habe er zu dem Vorwurf nichts ausgesagt.

Auch die Gattin wirkt fahrig und unausgeglichen. Beide sorgen sich vor einem Strafbefehl. Schon das Finanzamt ziehe einem ja gnadenlos viel ab. Woher solle das denn alles kommen.

Zwar bedauert der Ehemann auf Nachfrage, dass er die Fotos geteilt habe. Warum sich der Vergleich einer demokratisch gewählten und jederzeit abwählbaren Regierung mit NS-Kriegsverbrechern verbiete, scheint ihm aber nicht wirklich klar zu sein. Die Politiker hätten doch auch heute Dreck am Stecken. Könnten doch alle auf Immunität pochen, wenn es hart auf hart komme. Als der Kaffee zur Neige geht, sind wir beim Klimawandel. Die Vulkanausbrüche, die man gerade ständig in den Nachrichten sehe, seien doch viel schädlicher. Dagegen tue doch auch keiner was.

Kurz kommt mir der Gedanke, die beiden könnten gehofft haben, ich würde ihnen gegen Behördenwillkür helfen. »*BILD* kämpft für Sie«, nur dann mit Kamera. Stattdessen weist sie ihr Gegenüber nun darauf hin, dass die Immunität für Abgeordnete gerade eine Konsequenz aus der NS-Zeit war und nicht bedeutet, dass sie Freibriefe für Straftaten hätten.

Da mir noch immer nicht klar ist, wie die beiden heute über den Vorfall denken, schlage ich abschließend vor, dass sie mir für den Film einen oder zwei Sätze dazu schreiben. Ob sie auch weiterhin glaubten, dass ihr Land gerade vom »größten Abschaum der Geschichte« regiert werde. Gerne könnten sie mir das später zuschicken. Ich hörte nichts mehr von ihnen.

Woher kommt Moral?

Wann immer in jenen Wochen ähnliche Straßenzüge mit ähnlichen Häusern vor mir auftauchen und wieder verschwinden, hallt dieses Marmorkuchengespräch in mir nach. Es sind Häuser, deren Miniversion ich als Kind auf meine Modelleisenbahn stellte. Auch in dem Dorf, in dem ich aufwuchs, stehen sie in regelmäßigen Reihen. Oder am Hamburger Stadtrand, wo ich heute lebe. Häuser, die einmal dem großartigen Reportageformat *Unter deutschen Dächern* seinen Namen gaben.

Auch die Fragen sind immer gleich, die ich mit diesem Idyll verbinde. Es sind die gleichen, die sich der junge Kriegsreporter George Orwell stellte, als er mit den alliierten Truppen auf die Deutschen traf: Woher kam dieser Groll?

Ich weiß nicht, unter welchem wirtschaftlichen Druck das Paar stand, an dessen Tisch ich saß. Mag sein, er trug zur Verbitterung bei, wie wir sie oft Wählern nachsagen, die sich Protestparteien zuwenden. Bildung mag ein Faktor sein, Identitätssuche, falsche Vorbilder, was auch immer. Aber ist es zu viel verlangt, dass Normalbürger mit Schulabschluss in der Lage sein sollten, zwischen der aberkannten Doktorarbeit der Klägerin und einem Völkermord zu unterscheiden? Ist es elitär, das zu erwarten?

Wie viele ähnliche Gespräche habe ich schon geführt, nicht nur unter solchen Dächern und nicht nur in Deutschland. Warum vermögen die einen zu differenzieren und andere nicht? Woher haben Menschen Moral? Wie sehr, wenn überhaupt, geht sie mit Bildung einher? Selbst in Amerika, dem wir die Nachkriegsdemokratie verdanken, ließ sich zuletzt täglich verfolgen, wie sich auch sogenannte Eliten ihren eigenen Wahrheiten hingaben und einem Donald Trump nachliefen bis ins Sektenhafte.

Was bedeutet das für die Politik? Wie sehr stimmt der Satz, dass man Wahlen zuerst im Bierzelt gewinnen muss? Und was heißt es für uns Journalisten? Wie lange müssen wir unserer allerersten Aufgabe nachgehen, die Welt zu beschreiben, wie sie ist? Bevor auch wir daran zu erinnern haben, wie sie sein sollte?

Der Strafbefehl, den der Netznutzer später für das Verbreiten des beleidigenden Beitrags erhalten und bezahlt hat, umfasste 35 Tagessätze zu 40 Euro. Mit Verfahrenskosten sind das 1481 Euro. Das Bemühen der Strafverfolger, dem Beschuldigten die Grenzen zwischen Meinungsfreiheit und Ehrverletzung aufzuzeigen, war mithin erfolgreich.

In einer Hinsicht sollte die Staatsanwaltschaft jedoch auch selbst frustriert sein. Was ist davon zu halten, musste sie sich fragen, wenn 14 von 15 Regierungsmitgliedern, die der Beitrag als Abschaum verhöhnte, es ablehnten, die Ermittler nach deren Fahndungsarbeit mit dem nötigen Strafantrag zu unterstützen?

Wie vorbildhaft und glaubwürdig erscheinen mithin die Parlamentarier selbst? Zumal in Zeiten, in denen sie nahezu täglich in Plenardebatten und Presseinterviews ein konsequenteres Vorgehen aller gegen Hass im Netz anmahnen.

Fragen, die sich auch anderswo Ermittlern aufdrängen. Fragen, denen ich bald wieder begegnen sollte.

9
»Hättest am Krebs verrecken sollen«
Bürgerportal am Limit

Als die nächste Zugfahrt entlang vorbeiziehender Dörfer, Felder und Vorstädte endet, bin ich wieder in Dresden. Der erste wartende Taxifahrer, dem ich alles Gute wünsche, brüstete sich damit, dass er Viren auch ohne Maske standhalte. Der zweite bringt mich zu einem Hotel, in dessen Lobby ich mit einer Frau verabredet bin, die sich weniger lang überlegt hat als der Zeuge im Emsland, ob sie eine Strafanzeige erstatten solle oder besser nicht. Und die zu einem anderen Ergebnis kam als er.

Die Frau ist Mitte dreißig und war mit dem Gespräch rasch einverstanden. Sie habe sich entschlossen, nicht mehr länger darüber hinwegzusehen, wie im Netz die Sprache verrohe und die guten Sitten abhandenkämen. Und auch davon, dass ihr da zwar viele zustimmten, aber niemand sich wehre.

Der Ort des Geschehens, den sie beschreibt, sollte eigentlich romantischere Umgangsformen erwarten lassen. Tanja R., der Name ist geändert, 37, dunkelblond, sympathisch direktes Auftreten, spricht von ihrer Partnersuche in Dating-Portalen.

»Der Kragen ist mir letztlich geplatzt, als ich irgendwann

an dem Punkt ankam, wo ich dachte: Es reicht jetzt«, schildert sie mir. »Also es war wirklich wie eine rote Linie, die dann überschritten war. Das kam so regelrecht aus dem Nichts, wie ich da beleidigt wurde, dass ich mir sagte, hier ist Ende.«

Der Mann, den sie deshalb angezeigt habe, kenne sie nicht, und sie kenne ihn nicht. »Er hatte mich angeschrieben, angeblich um mit mir zu chatten. Und nach der vierten oder fünften Nachricht fing er plötzlich an, mich ›Schlampe‹ zu nennen. Ich war völlig perplex.«

Offenbar war dem erhofften Herzensmann die Kontaktanbahnung schon nach einer Handvoll Sätze zu langwierig erschienen, sodass er glaubte, Tanja S. beschimpfen zu dürfen. »Er textete, dass ich das verdient hätte«, sagt sie und hebt die Schultern.

»Weil Sie nicht schnell genug mit ihm ins Bett hüpften«, mutmaße ich, »oder warum sonst?«

»Ich bin tatsächlich nicht sofort auf seinen Vorschlag eingegangen, dass wir uns jetzt und gleich treffen. Ich hab gesagt, nee, lass uns doch erst mal noch ein bisschen schreiben. Und das hat ihm nicht gepasst.«

Nicht noch mehr »Hate«

Um mir den Wortlaut vorzulesen, hantiert sie nun am Handy. »Ich suche Ihnen das eben raus«, sagt sie. »Er schrieb dann: ›Du verhältst dich wie eine Schlampe, also wirst du auch behandelt wie eine.‹ Dann viel Blabla, keine Ahnung warum. Aber Schlampe geht nicht. Das war der Punkt, wo ich mir sagte: Nee. Also, du hast mich nicht so zu bezeichnen!«

Von einer Freundin, die einmal im Polizeidienst gewesen sei, habe sie dann erfahren, dass das Dresdner Landeskriminalamt eine Online-Plattform eingerichtet habe, über die man Hasskriminalität anzeigen könne.

»Ich hatte das vorher gar nicht gewusst«, erzählt sie weiter. »Und weil es auch nicht das erste Mal war, dass mir dieser beleidigende Ton aufgefallen ist, habe ich mir gesagt: Jetzt ist gut! Und habe diese Möglichkeit eben genutzt.« Die Anzeige sei dann in zehn Minuten erledigt gewesen. Man gebe seine Daten ein, den Vorwurf, beschreibe das so ein bisschen, lade am besten noch ein paar Screenshots hoch, je nachdem auf welcher Plattform das passiert sei, dazu den Benutzernamen oder die User-ID, damit die Polizei die Möglichkeit habe, die Person zu finden.

Sie sei dann von einer Kommissarin angerufen worden, mit der sie noch mal ausführlicher gesprochen habe. Die sei mit ihr so verblieben, dass sie über den Fortgang der Ermittlungen informiert werde.

Ich frage nach, wo ihr denn zuvor der Sprachverfall aufgefallen sei, den sie beklagt.

»Im Grunde wirklich auf jeder Plattform im Internet«, erwidert sie, »nicht nur auf Dating-Portalen. Man kommentiert einfach irgendwo etwas oder teilt jemandem nur mal seine Meinung mit. Und irgendwem passt das irgendwann nicht, und sofort werden die Leute ausfallend, beleidigend und angreifend. Sie drohen sogar. Das würde man nie machen, wenn man da nicht anonym wäre. Und in dem Fall kam mir dann der Gedanke: Wer weiß, mit wie vielen Frauen der Typ das sonst noch macht. Und dass das einfach nicht so funktionieren darf.«

Sie schildert das noch immer aufgebracht, aber dennoch souverän. So etwas gehe für sie einfach nicht, insistiert sie. Bestimmt richte so etwas bei dünnhäutigeren Menschen auch mal Schäden an, vor allem bei jüngeren.

»Gab es auch bei Ihnen Momente, in denen Sie nicht so

entschieden waren wie jetzt?« frage ich. »Verunsichert oder vielleicht auch verletzt?«

»Klar gab es die«, sagt sie. »Da habe ich dann immer lange gezweifelt und mir solche Sätze zu Herzen genommen. Mittlerweile bin ich aber so weit, dass ich mir nur denke, dass niemand so durchkommen darf.«

Auch mit Bekannten spreche sie oft darüber. Denen falle das auch auf, in fast jeder Altersgruppe. »Egal, ob es jetzt Verwandte so um die 50 sind oder eben Freunde von mir, so Anfang, Mitte 30«, zählt sie auf. »Die finden das auch nicht gut, dass die Leute gar keine Scheu mehr haben, andere zu beleidigen auf Teufel komm raus.« Offenbar seien diese Nutzer sich alle sicher, dass ihnen nie eine Anzeige drohe, so wie anderswo, wenn es Zeugen gebe.

Ich komme noch mal auf die Anonymität zu sprechen, um die sie uns gebeten hat, und frage nach dem genauen Grund. »Sie könnten ja auch sagen, ich mache das nun öffentlich und stehe dazu. Was hält Sie davon ab? Ich verstehe das zwar und halte mich daran«, sage ich. »Aber ich würde es gerne genauer von Ihnen hören.«

»Das wäre ja dann für manche wieder ein gefundenes Fressen«, antwortet sie. »So nach dem Motto: Ach, guck mal, die! Dann schauen die auf Facebook und sehen vielleicht, wo ich arbeite. Und dann immer drauf! Nee, das möchte ich nicht. Mir geht es ja gerade darum, dass nicht noch mehr ›Hate‹ ausbricht.«

Rabenmutter, Hurensohn

Die Polizeibeamtin, die den Fall aufnahm, gehört zu dem Team, das im Dresdner LKA das Bürgerportal betreut. Anders als die Ermittlerkollegen der Göttinger Staatsanwaltschaft verfügen die Sachsen schon über erste Erfahrungen mit dem neuen Online-Andrang, als ich das Team besuche.

Ein Insider hatte mir da bereits seine Einschätzung anvertraut, wonach die Regularien vermutlich irgendwann nachjustiert werden müssten, damit Art und Anzahl der Meldungen handhabbar blieben. Zwar nannte er als Vorzug des Online-Portals, dass Betroffene sich nicht mehr eigens auf den Weg zur Wache machen müssten, um sich dort auszuweisen und wohlüberlegte Vorwürfe zu Protokoll zu geben. Ausgerechnet dies erweise sich jedoch inzwischen auch als Nachteil, fügte er nur halb im Scherz hinzu. Womöglich sei es nicht ganz falsch gewesen, wenn man bisher über seinen Ärger noch eine Nacht geschlafen habe.

Wer sich das Online-Terminal des LKA wie eine Art Newsroom vorstellt, liegt falsch. Die Büros erscheinen wie üblich, Teppichboden, Gummibaum, zwei gegeneinander gestellte Schreibtische. Als mir an einem davon ein Betreuer Auszüge aus den jüngst aufgelaufenen Fällen präsentiert, wird mir klarer, was der Vertraute gemeint hatte. Denn hier reichen die Anzeigen von Geschäftsleuten, die sich gegen zu deutliche Kundenbewertungen wehren, bis zu Wortwechseln, die etwa im Rotlichtmilieu nahezu alltäglich sind, aber Betroffene plötzlich eher zu stören scheinen als alles andere, was dort geschieht. Auch Familienstreit ende nun schon mal mit Online-Anzeigen, erfahre ich, zumal auch dieser inzwischen häufig per Textmessage ausgetragen werde und somit gleich Beweismittel liefere.

Allein die Leseproben des zurückliegenden Monats verweisen auf hoffnungslos verrohte Umgangsstile. Die häufigsten Titulierungen sind »Hurensohn« und »Rabenmutter«, als gängigste Handlungsempfehlung erscheint »Fick dich!«.

»Warum lachst du du Missgeburt«, ist als Original-Zitat ebenso hinterlegt wie »Geht euch erschiessen ihr Dreckspack.....« oder »So ciao du dumme hure.. hoffentlich stirbst du bald«. Mitunter verdichten sich alle verfügbaren Verwünschungen auch zum längeren Hass-Stakkato. »Hättest mal am krebs verrecken sollen«, heißt es dann etwa, »dumme, asoziale hurenmutter«.

Allein in vier Sommerwochen summierten sich so vierzig Klagen. Die Tatvorwürfe reichen von Beleidigung, Verleumdung und übler Nachrede bis zur Nötigung. Gelegentlich kommt die Verwendung verfassungsfeindlicher Symbole hinzu, falls diese den Beschuldigten hilfreich erschienen, um sich noch nachdrücklicher mitzuteilen.

Nötige Schwere

»Wir bekommen auf dem Portal sozusagen die gesamte Bandbreite krimineller Äußerungen mit«, beschreibt es Kriminaldirektor Dirk Münster. »Vom privaten Bereich bis hin zu politisch motivierter Kriminalität, also das komplette Spektrum.« Das entspreche etwa dem, was man erwartet habe. Die Formen der Äußerungsdelikte seien nicht neu. Neu sei nur das Medium, mit dem man nun verstärkt zu tun habe.

»Wenn aber jetzt jeder klagt, der eine schlechte Google-Bewertung bekommen hat, oder Menschen glauben, ihren gesamten WhatsApp-Verkehr melden zu müssen«, frage ich ihn, »gehört das denn noch hierher? Das legt Sie doch irgendwann lahm.« Immerhin nenne sich die Abteilung, die er leite, polizeiliches Terrorismus- und Abwehrzentrum.

»Es bleibt in jedem Fall so, dass Menschen sich an die Polizei wenden, wenn sie ein Problem haben«, sagt er. »Das haben sie früher in persönlicher Vorsprache getan. Inzwischen geht das eben digital. Insofern ist das in Ordnung so.« Als Polizei habe man immer ein Interesse daran, mit den Menschen in Kontakt zu stehen, man bekomme so Informationen von außen und sei dafür dankbar. Aber natürlich müsse man aus Gründen der Effizienz darauf achten, was dann wie zu bearbeiten sei.

Der Polizei bleibe wenig Spielraum, sobald es um mögliche Straftaten gehe. Dennoch versuche das Portalteam einen Mittelweg zu finden. »Einfach aussortieren und löschen dürfen wir gar nichts, aber wir filtern natürlich«, sagt Münster. »Zum einen fragen wir gemeinsam mit der Staatsanwaltschaft nach der Ermittlungswürdigkeit. Ist ein Eintrag also tatsächlich strafrechtlich relevant und hat er die nötige Schwere? Danach geht es um die Ermittlungsfähigkeit, gerade im Netz. Können wir mit vertretbarem Aufwand etwa anonyme Verfasser identifizieren? Oder gibt es da absehbar nichts zu holen für uns?« Bei diesen beiden Fragen setze man an, um sich auf Fälle zu konzentrieren, die Erfolg versprächen.

Ich verweise auf Stimmen in der Sachdebatte, die sogar anregten, anonyme Anzeigen zuzulassen, und frage den LKA-Mann, ob das aus seiner Sicht wünschenswert sei.

»Ich bin nicht der Meinung, dass uns das weiterbringt«, widerspricht er. »Wir dürften mit solchen Anzeigen ohnehin nur eingeschränkt umgehen. Das Problem ist aber vor allem, dass anonyme Anzeigen auch immer die Möglichkeit bieten, Ermittlungsbehörden nur gezielt zu beschäftigen oder gar in die falsche Richtung zu lenken.«

Er sei sicher, dass das Gesetz gegen Hass auch so Wirkung zeige, um Übergriffe auf sozialen Plattformen einzudämmen, auch wenn notorische Hetzer vermutlich nur abwandern würden. »Wir beobachten jetzt schon, dass die dann eben auf solche Anbieter ausweichen, die für uns schwerer zu erreichen sind«, sagt er. »Die Frage ist, ob auch diese Online-Dienste dann selbst reagieren und verdächtige Sachverhalte von sich aus herausfiltern.«

Das Hauptanliegen der Fahnder bleibe die Prävention, sagt auch Münster. Dafür müsse jedoch noch viel sichtbarer werden, wie sich das Gesetz auswirke. »Solange sozusagen nur im Netz Streife gefahren wird und Nutzer allenfalls sehen, dass dort ein Post gesperrt wurde, beeindruckt das wenig«, sagt er. »Weniger jedenfalls, als wenn draußen die echte Polizei vorfährt.«

Zwischenstopp

Über Wochen bin ich zu diesem Zeitpunkt durch Deutschland gereist. An den Fahrstrecken wehte mal der Weizen, mal stand mannshoch der Mais, mal blühte gelb leuchtend der Raps.

Die Beispielfälle für Hass und Hetze, auf die ich bis hierhin gestoßen bin, waren vielfältiger, als ich erwartet hatte. Sie reichten vom völkisch verbrämten Vielschreiber im AfD- und Putinisten-Dunstkreis bis zur womöglich nur achtlosen Seniorin, der die Kontrolle über ihre Einträge entglitt, vom findig formulierenden rechten Aktivisten bis zu unsäglichen Beleidigungen zwischen zerstrittenen Netznutzern.

Bevor mir weitere Ermittler, Täter und Betroffene ihre Erfahrungen und Sichtweisen schildern, warten zunächst zwei Verabredungen in meiner eigenen Zunft. Denn unabhängig davon, ob wir das wollten oder nicht, wird das Gesetzespaket gegen Hetze auch uns Journalisten betreffen, nicht nur weil auch uns Hetze erreicht, sondern auch weil das Gesetz Redaktionen zum Melden verpflichtet. Zeit also für einen Zwischenstopp im Alltag der Medien.

Oder kürzer: Zeit für die *Tagesschau*.

10

Die Müll-Abräumer

Medienjob Community Management

Zugegeben, ich hatte einen Nachrichtentag abgewartet, der den Community-Managern bei ARD-Aktuell absehbar überhitzte Social-Media-Kanäle bescheren würde. Dazu gehört erfahrungsgemäß alles, was mit dem Nahen Osten zu tun hat, mit Flüchtlingen, mit Donald Trump, Wladimir Putin, der AfD, mit Pegida-Demos in Dresden, solange sie Neuigkeitswert hatten, und mit Meldungen von der »Querdenker«-Front, an der die Impfdebatte befeuert wurde, die dann angeblich das Land spaltete.

Der Newsroom der *Tagesschau*-Redaktion liegt auf dem NDR-Gelände in Hamburg-Lokstedt keine drei Gehminuten von meinem Schreibtisch entfernt. Als Korrespondent hatte ich dem ARD-Aktuell-Team über zehn Jahre lang Berichte aus dem Ausland geliefert, zuerst aus Tokio und dem Fernen Osten, später aus Washington, als Amerika-Berichterstatter. Die Redakteurinnen und Redakteure planen täglich alle Ausgaben von *Tagesschau*, *Tagesthemen* und *Nachtmagazin*, koordinieren dies auf unzähligen Konferenzen, eine davon ARD-weit, auf der auch entschieden wird, was Thema des *Tagesthemen*-Kommentars wird und wer ihn verfassen darf.

Wenn ich zuletzt die Schritte über den NDR-Campus zur

Tagesschau ging, dann meistens, um im Studio eigene Doku-Recherchen zu schildern oder um als Gast einzuspringen, wenn schon morgens ein US-Thema drängte und die Kollegen in Washington wegen des Zeitunterschiedes noch schliefen oder von Anfragen so überlastet waren, dass sie sich über Hilfe freuten.

Je nach geltenden Corona-Hausregeln trennte dann eine Glasscheibe den Moderator vom Gast oder die Zuschauer sahen mich sogar so zugeschaltet wie aus dem Ausland, obwohl ich nur ein paar Räume weiter vor einer Kamera stand. In der Wirrnis jener Wochen stellte mich eine geschätzte Moderatorin einmal als »langjährigen USA-Präsidenten Klaus Scherer« vor, was ich danach kurz als Begrüßungstext für meinen Anrufbeantworter nutzte. Es legten dann aber zu viele Anrufer auf, weil sie annahmen, sie seien mit auf Sendung.

Zum augenfälligsten Wandel, dem auch die ARD-Aktuell-Welt stets unterworfen ist, gehört die wachsende Anzahl der Ausspielwege. Denn das Redaktionsteam bestückt längst nicht mehr nur die Sendungen im klassischen linearen Fernsehen. Es verbreitet die Inhalte der *Tagesschau* zudem online, sei es auf der eigenen Plattform *tagesschau.de* oder über die sozialen Medien wie Facebook, Instagram oder gar Tiktok. Dies alles zwar jeweils zielgruppengerecht aufbereitet, aber dennoch mit gleichem Gütesiegel. »Wo *Tagesschau* draufsteht, ist *Tagesschau* drin – egal ob im Ersten, bei *tagesschau24*, Online oder im Social Web«, formulierte es Chefredakteur Marcus Bornheim, als die noch immer mit Abstand erfolgreichste Nachrichtensendung Deutschlands ihre jüngste Jahresbilanz vorlegte.

»Wir müssen überall sein, wo Menschen uns finden können«, sagt auch Redakteurin Frida Kammerer, als ich sie an ihrem Schreibtisch-Ensemble besuche. Es steht auf der Galeriefläche des Newsrooms, mit freiem Blick auf darunter grup-

»Schockiert über mich selbst«: Handschriftlicher Reue-Brief eines Beschuldigten an die Generalstaatsanwaltschaft Dresden

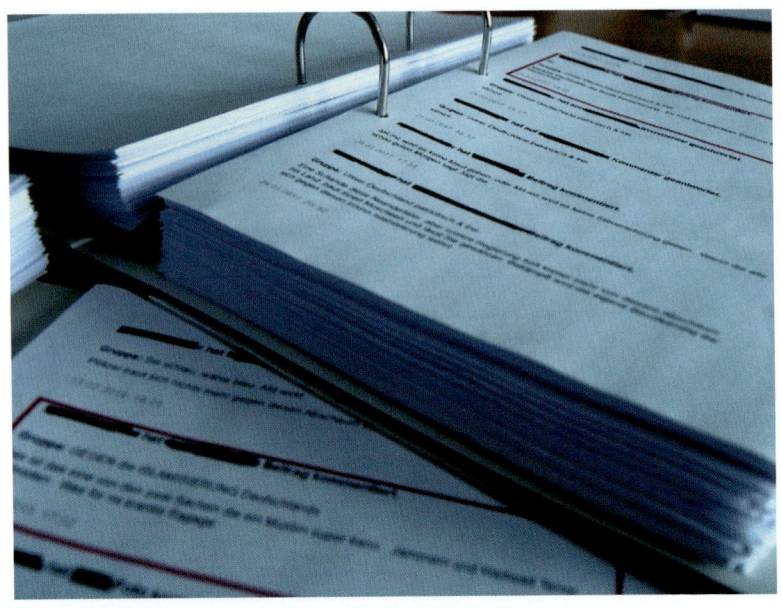

Ermittlungsakte »Vielschreiber«: Ordnerweise Hass und Hetze

Beweissicherung: Tatort Wohnzimmer, Tatwerkzeug Laptop

»Anonymität im Netz ist ein Trugschluss«: Strafverfolgerin Geisler

> https://www.tag24.de/kontakt
>
> Inhalt *
>
> Nur ein toter Ausländer ist ein guter Ausländer

Gemeldet von lokalen Medien: Volksverhetzung im Netzkommentar

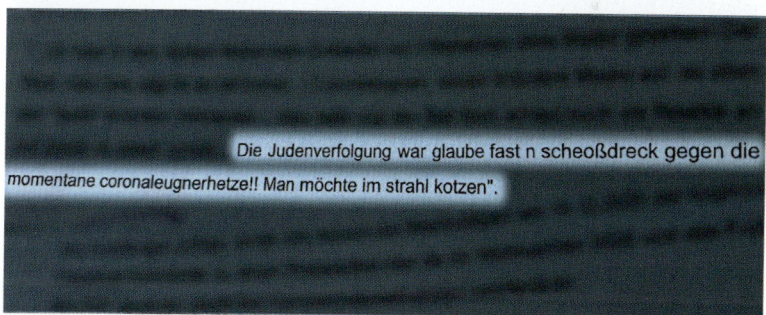

Impfgegner auf Irrwegen: Hetze von angeblichem »Familienhandy«

Nachteinsatz in Chemnitz: LKA-Mann vor der Hausdurchsuchung

»Kanzlerin ins KZ stecken«: Tatverdächtiger vor seinem Kellerraum

Rechtsaußen-Aktivist Kohlmann: »Das war Selbstverteidigung«

Anwalt Kohlmann: »Welches Rechtsgut wurde beschädigt?«

Drei Stunden Fahrt bis Bersenbrück: Strafverfolgerin Meininghaus

»Kugel ins Hirn«: Richter-Interview zum umstrittenen Ersturteil

Turm in der Brandung: Chefermittler Laue in Göttingen

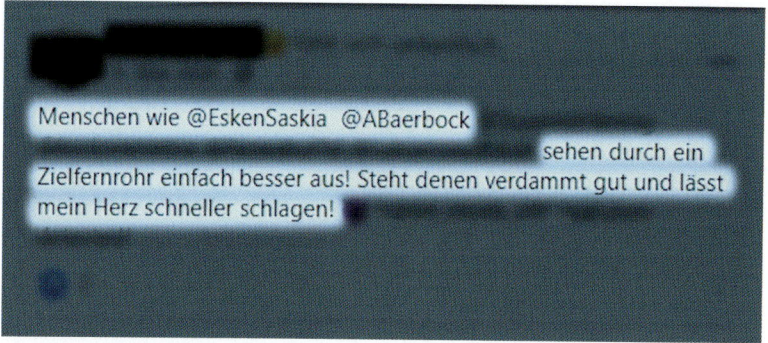
Satire oder Straftat? Beweismittel am Amtsgericht Peine

Gern geteilt in Hetzer-Kreisen: »Traum« vom Kriegsverbrecher-Prozess gegen deutsche Politiker nach Nürnberger Vorbild

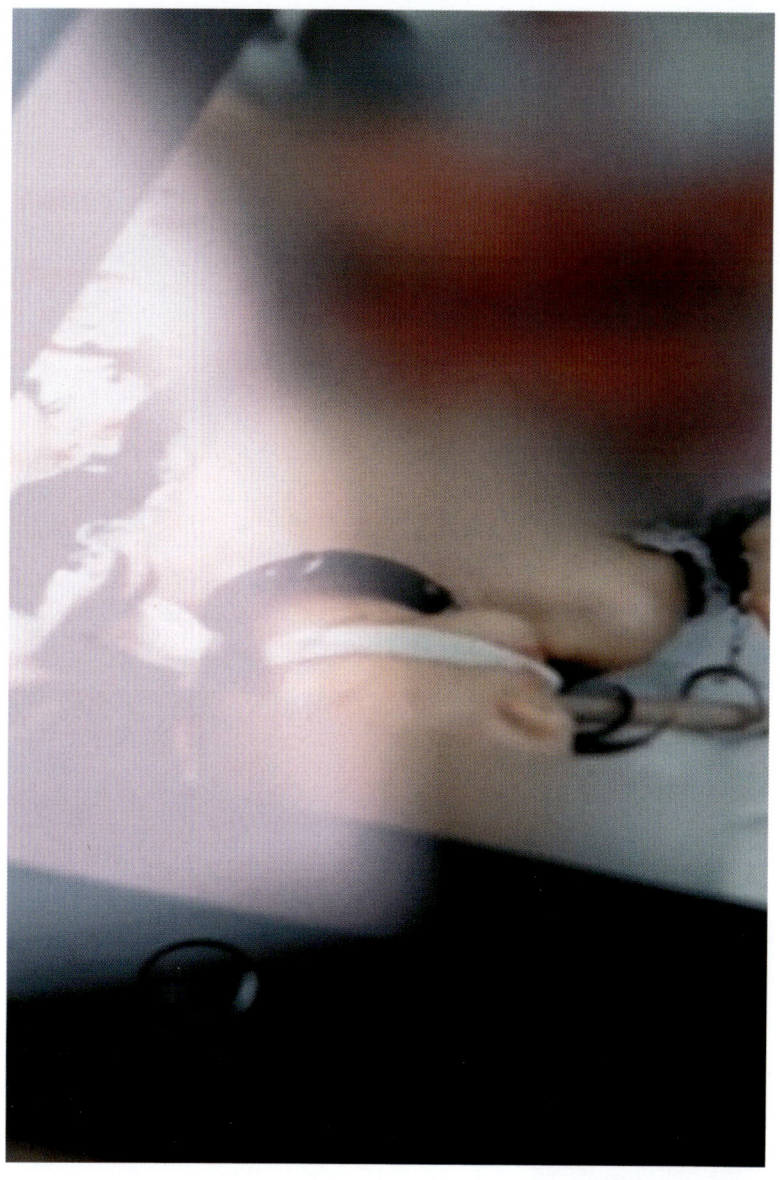

»Alle Frauen sind Nutten«: Tatvorwurf verherrlichende Darstellung von Mord und Vergewaltigung, verhandelt am Amtsgericht Lingen

»Ich schaue mir das nur an, weil ich es muss«: Verteidiger Koop

Mädchenmord mit Fleischerhaken: Bildmotiv aus dem Lingener Fall

Hass im Sekundentakt: Tagesschau-Kommentare in sozialen Medien

»Manche verlieren den Glauben«: Community Managerin Kammerer

V-Mann als Grafiker: Kommunikationswege rechtsextremer Milieus

»Ihr könnt euch nicht sicher sein«: Mainzer Verfassungsschützer May

Auf Streifzug im Netz: »Buntes Potpourri aus Verschwörungsmythen«

Gefahr im Verzuge: »Nur kleiner Vorrat« für Schüsse auf Merkel

»Schlimmer, wenn ein Freispruch rauskommt«: Chefankläger Brauer

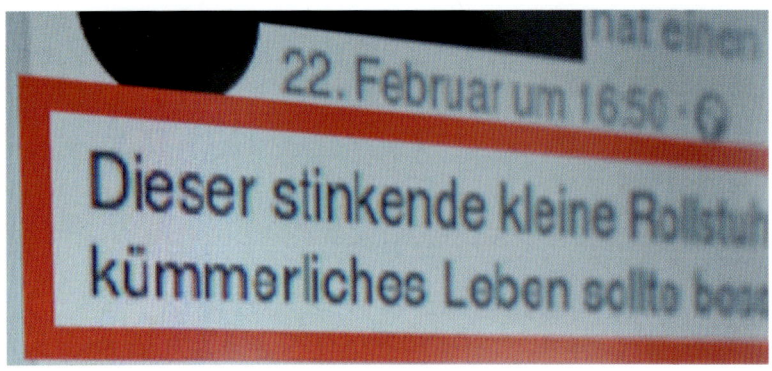

Nicht einmal ignorieren? Attentat-Aufruf im Netz gegen Schäuble

»Von mir werden die nichts mehr hören«: Verurteilter nahe Celle

»Mit Klavierdraht totschleifen«: Bedrohte Grünen-Politikerin Roth

Gefahr für öffentlichen Frieden: Strafverfolger wollen »Judenstern«-Abwandlung konsequent als Verharmlosung des Holocaust ahnden

pierte Desk-Inseln von Planern und Bearbeitern bis zu den Chefs vom Dienst der jeweiligen Schicht.

Wer hier als Laie erstmals all die flimmernden Bildschirme sieht, die Kommunikationswege verfolgt und den Zeit- und Entscheidungsdruck vor unzähligen Deadlines, bekommt gewöhnlich den Eindruck, eine *Tagesschau*-Ausgabe zur Sendung zu bringen sei mindestens so kompliziert, wie ein Raumschiff zu landen.

Gedanken lesen

Dass die Vielzahl der Ausspielwege gerade in sozialen Medien Risiken und Nebenwirkungen mit sich bringt, weiß das *Tagesschau*-Team. Facebook beispielsweise erlaubt das Live-Streamen von Sendungen, darunter auch die Übertragung von Bundestagsdebatten, nur, wenn Zuschauer dazu zeitgleich Kommentare abgeben dürfen, die sie dann gern mit den üblichen Herzchen oder, was an Nachrichtentagen wie diesem häufiger vorkommt, mit Hassfratzen illustrieren.

Wer sich als Kind je die Gabe gewünscht hat, Gedanken lesen zu können, würde diesen Wunsch verwerfen, sobald er Redakteurin Kammerer auch nur zehn Minuten bei ihrer Arbeit hat zusehen können. Im Grunde tut sie nämlich genau das: Sie liest Gedanken von Nutzern. Allerdings sind unter ihnen sehr viele, die eben diese Denkleistungen lieber für sich behalten sollten. Was Redakteurin Kammerer tut, heißt Community Management. Sie betreut die Nutzergemeinde.

»Wir hatten gerade die Bundestagsdebatte über die Corona-Lockerungen für Geimpfte und Genesene, ein für viele User:innen sehr emotionales Thema«, sagt sie. »Auf Facebook streamen wir die Debatte live. Und natürlich können die Nutzer:innen dort auch kommentieren. Sollen sie auch.

Die Kommentare laufen dann in ein Tool ein, mit dem wir sie zunächst verwalten.«

Immer wenn ein neuer Kommentar erscheint, wird ihr dieser als »ungelesen« angezeigt. Nach dem Sichten markiert sie ihn dann als »gesehen«.

Dies immer zeitgleich zu schaffen, sei bei der hohen Zahl an Eingängen kaum möglich, sagt sie. Dennoch sei die Redaktionsarbeit so organisiert, dass keine Kommentare übersehen würden.

Wie viele Zuschauerbeträge denn gewöhnlich einliefen, frage ich.

»Alle drei Sekunden einer«, antwortet sie.

Bürgerkriegsähnliche Unruhen

Frida Kammerer war Redakteurin der *Kieler Nachrichten*, bevor sie zum Tagesschau-Team wechselte. Sie trägt Lidschatten und Lippenstift, Pferdeschwanz, dunkles Kleid. Was sie mitbrachte, waren journalistische Erfahrung und Sachkompetenz, Urteilskraft, Entscheidungsfreude. Und vor all dem, wie mir scheint, innere Ruhe. Als Redakteurin gehört sie einer neueren Generation an als ich. Sie findet Social Media ein Muss. Und sie gendert. Die Social-Media-Seiten der *Tagesschau* sind Genderland.

Wie eine Schlagzeugerin von Trommeln scheint sie von Monitoren umgeben, die selbst dann noch weiter geteilt sind. Auf einem davon streamt die Redaktion gerade die Bundestagsdebatte in Berlin über die aktuellen Corona-Schutzmaßnahmen. Auf der Facebook-Fläche vor sich sieht sie nun alle Kommentare dazu erscheinen, die Nutzer glauben, der Welt mitteilen zu müssen.

»Das Szenario erinnert mich stark an die Hitler-Diktatur«,

findet etwa eine Madeleine F., als hätte sie diese erlebt, und prophezeit schon mal, dass die Lage im Lande »in bürgerkriegsähnlichen Unruhen enden« werde.

»Was für Lügenschweine«, schreibt Jürgen Z. und nennt die Abgeordneten »Dreckspack«.

»Jetzt fehlt nur noch der Stempel (so wie früher der Judasstern) für Nicht-Geimpfte«, stimmt daraufhin auch Raimund S. zu. »Erbärmliche Regierung.«

»Wahnsinn. Und wir sagten, Hitler war extrem«, zitiert Community-Betreuerin Kammerer eine weitere Textzeile und erläutert mir ihr Vorgehen. »Das alles sind zum Beispiel Posts, die ich lösche.«

Ob sie das in dieser Situation alleine beurteile, frage ich.

»Genau«, bestätigt sie, »das entscheidet dann der Redakteur, die Redakteurin, die gerade Dienst hat. Wir diskutieren in der Redaktion oft, wo wir Grenzen ziehen, führen immer wieder Grundsatzdebatten. Aber wir können nicht jeden Beitrag einzeln durchsprechen und klären, ob das jetzt ein Fall zum Löschen ist oder nicht.«

Schon nähert sich der Cursor dem nächsten Eintrag. »Kriegen wir als Nichtgeimpfte auch einen Judenstern aufgenäht wie damals?«, nimmt jemand das Stichwort vorheriger Kommentierer auf. Auch das löscht sie. Das sei Holocaust-Relativierung, das werde sie wie vieles andere direkt an den Justiziar des Hauses weiterleiten.

»Die Leute vergreifen sich leider sehr häufig im Ton, ziehen Parallelen zum Dritten Reich«, beklagt Redakteurin Kammerer und nimmt gleich den nächsten Post aus dem Umlauf. »Ich warte dann schon mal auf den Zug, oder soll ich mich an die Wand stellen und lieber auf die Kugel warten?«, steht da, bis sie es wegklickt.

»Wir nutzen die Verbindung zum Justiziariat, sobald es wirklich schlimm wird, was Leute schreiben«, sagt sie. »Von dort aus gehen Kommentare dann schon mal gleich an die Staatsanwaltschaft weiter.«

Wenn sie tatsächlich unsicher sei, könne sie natürlich auch mal die Redaktion um Rat bitten, also eine zweite Meinung einholen. »Aber vieles ist doch sehr eindeutig«, erzählt sie, als sie den Cursor weiterbewegt.

»Alle verlogenen Polithexen auf den Scheiterhaufen«, hetzt jetzt ein User. »Solche Sätze sind in letzter Zeit leider sehr häufig geworden«, sagt Frida Kammerer. Was sie nicht unmittelbar lesen kann, sammelt eine Software. Die sortiere dann zudem alles vor und kennzeichne Beiträge, deren Wortwahl und Struktur sich ähneln.

»Uns hilft auch künstliche Intelligenz, die sich an unserem Verhalten orientiert«, erklärt sie mir. »Kommentare, die etwa so aufgebaut sind wie solche, die wir in der Vergangenheit gelöscht haben, werden von ihr schon mal als vermutlich relevant gekennzeichnet.« Umgekehrt kann die Redakteurin auch selbst mithilfe realer Begriffe wie »KZ« oder »Judenstern« gezielt nach strafrechtlich relevanten Kommentaren suchen.

Manche verlieren den Glauben

Nicht alles, was dann vor ihr aufpoppt, stammt von echten Usern. Auch das gehört zu den Nebenwirkungen des Netzes. Denn hinter einer wachsenden Zahl von Profilen mit Allerweltsnamen verbergen sich Propaganda-Roboter, die in Online-Medien gezielt provokante Phrasen streuen, um dort Diskussionen aufzuwiegeln.

Es falle schon auf, wenn auch im Jahr 2021 plötzlich eine Vielzahl neuer Accounts erstellt werde, alle unter sehr gängigen Namen, sagt mir die Kollegin. »Gerade auf Facebook und

Instagram vermuten wir einen großen Bot-Anteil, also an computergenerierten Programmen, die sich selbst Profile und Accounts anlegen und dann aus einem Pool von Sätzen eigenständig Beiträge verfassen.«

Das *Faktenfinder*-Team der *Tagesschau* spricht in Analysen von einer »Armee der Trolle«, die vor allem von Russland aus täglich in Marsch gesetzt würde, alle mit ähnlichen Profilen und Inhalten, um im Westen hyperaktiv zu polarisieren und Diskussionen zu steuern.

Das passt zu meinem Eindruck, dass der Debatte im Bundestag ohnehin kaum einer zuhört, der hier postet. »Das scheinen ja ohnehin nicht wirklich Leute zu sein«, werfe ich ein, »die sich informieren wollen.«

Die Community-Redakteurin pflichtet mir bei. »Schon in Minute null, Sekunde null sogar, werden Kommentare abgegeben. Das sind offenbar Menschen, die einfach nur mal gerade ihren Frust loswerden wollen.«

Als sie das sagt, sind zum Redebeitrag der Justizministerin schon 8560 Kommentare eingelaufen, von denen noch 5000 zur Bearbeitung ausstehen. Von den gesichteten sind bereits etliche unterwegs zur Staatsanwaltschaft. »Wenn man bedenkt, dass das Statement der Ministerin nur etwa zehn Minuten lang war, dann ist die Verhältnismäßigkeit nicht mehr wirklich gegeben«, sagt sie. »Diese User oder Profile hören gar nicht bis zum Ende zu, sondern schießen gleich etwas ab, sobald der Stream begonnen hat.«

»Ab wann haben Sie denn eigentlich Zweifel daran gehabt, dass die Idee wirklich so gut war, mit dem Publikum in Dialog zu treten«, frage ich.

»Daran zweifle ich eigentlich nie«, sagt sie da ruhig. »Denn es gibt immer Menschen, die wirklich den Dialog suchen und ihn auch führen möchten. Und es gibt einfach Menschen, die den Raum missbrauchen, den wir dafür hier geschaffen haben. Sei es, weil sie ihre Agenda durchdrücken möchten, weil sie einfach etwas loswerden wollen, weil sie sich unterdrückt oder alleine fühlen oder weil sie ohnehin finden, dass in diesem Land alles falsch läuft.«

Da ich auch ihr so viel Gelassenheit nicht abnehme, frage ich noch einmal nach der Grenze, ab der sie sich fremdschäme. »Jetzt mal ehrlich, läuft nicht auch Ihnen da manchmal die Galle über? Ich kann mir kaum vorstellen, dass jemand bei solchem Lesestoff immer gelassen bleibt.«

»Ich weiß, worauf Sie hinaus möchten«, sagt sie lächelnd, »aber man stumpft da in gewisser Weise ab. Am Anfang war ich schon darüber entsetzt, wie das in den Kommentarspalten zugeht, zumal wir hier ja auch all das sehen, was den Nutzer:innen draußen meist verborgen bleibt, eben weil wir es rasch löschen und an die Staatsanwaltschaft weitergeben. Aber ich habe durchaus Kolleg:innen, denen es immer noch sehr, sehr nahe geht. Die tun mir auch jedes Mal aufs Neue leid. Manche verlieren dann ihren Glauben an die Menschen.«

Das Gesetz gegen Hetze, das die Kooperation mit der Staatsanwaltschaft gebietet, findet sie konsequent. Das Internet sei öffentlicher Raum, es gebe heute keinen Unterschied mehr, ob jemand auf einem echten Marktplatz rassistische Parolen herausbrülle oder das Gleiche im Netz schreibe. »Es ist hier sogar noch viel öffentlicher«, erklärt mir Redakteurin Kammerer. »Denn auf einem Marktplatz hören vielleicht hundert zu, wenn Markttag ist. Im Internet dagegen haben wir drei Millionen Follower allein auf Facebook, und die Zahlen wachsen weiter, auf Instagram und auch auf Tiktok gerade noch viel, viel schneller. Das heißt, dort haben diese Menschen ein noch viel größeres Publikum. Dort zu hetzen ist also eigentlich viel schlimmer als auf dem alten Marktplatz.«

Die Schlachten der Neuen

Tatsächlich war der Dialog mit dem Publikum anfangs eher technikgetrieben als inhaltlich gewünscht. Das Internet hatte ihn schlichtweg ermöglicht. Wer seither Kommentare mitlas, konnte freilich den Eindruck bekommen, der Rückkanal zum Zuschauer habe nicht etwa der Qualitätsmarke *Tagesschau* den Weg zum Stammtisch geebnet, sondern eher die Stammtischrunde auf Augenhöhe der Sendung gehoben. Denn noch die schlimmsten Parolendrescher konnten plötzlich hemmungslos auf deren Bühne loshetzen. »Hat sich die Ursprungsidee damit nicht doch etwas entzaubert?«, frage ich die Kollegin.

»Ein bisschen schon«, räumt sie nun ein. »Wir haben akzeptiert, dass manche Menschen an keiner Diskussion interessiert und auch nicht zu überzeugen sind. Sie sind einfach da, weil sie unsere Reichweite nutzen möchten.«

Das machten allerdings auch andere, meint sie. Auch Bundestagsabgeordnete etwa nutzten gelegentlich die Kommentarspalten und erreichten damit gleich drei Millionen oder mehr Menschen. Und das auch noch ohne größeren Aufwand, wie er für eine Pressekampagne nötig wäre oder für eine eigene Veranstaltung, zu der sie selbst Publikum einladen müssten. »Denn es gibt da draußen wirklich Leute, die diskutieren möchten, die uns ernsthafte Fragen stellen, weil sie die Welt, so wie sie gerade ist, nur schwer verstehen und uns deshalb um Hilfe bitten«, bilanziert sie. »Und das gehört ja auch zu unserem öffentlich-rechtlichen Auftrag. Dass wir eben alle Menschen erreichen sollen, können und müssen.«

Auch gebe es inzwischen viele Menschen, die schlicht kein lineares Fernsehen mehr schauten. Deswegen müsse die Redaktion dort präsent sein, wo diese sich informierten. »Sind sie auf Facebook, gehen wir auf Facebook. Sind die Leute auf

Instagram, gehen wir auf Instagram. Sind die jungen Leute auf Tiktok, gehen wir auf Tiktok. So erreichen wir einfach sehr viele Menschen, die dem linearen Fernsehen nicht mehr zugetan sind.«

Im weiteren Sinne sei Publikumsbetreuung auch gar nicht neu. Jede Zuschauerredaktion beantworte Fragen und Kritik, seit es Fernsehen gebe. »Niemandem wird hier etwas weggenommen«, sagt die Redakteurin leidenschaftlich. »Es wurde kein Cent an der 20-Uhr-*Tagesschau* gespart, um eine Community-Redakteursstelle zu schaffen. Und so wie alle, also auch die, die dem Sender in Sütterlin geschrieben haben, eine Antwort bekamen, so haben eben auch diese Leute hier ein Anrecht darauf, dass man ihnen zuhört.«

»Und wenn dennoch immer mehr Menschen die Kommentarspalten meiden, weil sie wiederum sagen: Das ist nicht mehr mein Stil, das muss ich mir nicht anhören?«, frage ich. »Was machen Sie dann?«

»Dann werden wieder neue kommen, die sich dann wieder neu in die Schlacht stürzen. Dass eines Tages alle, die eine differenzierte Meinung haben, hier wegbleiben, das glaube ich nicht. Dass irgendwann die Schreihälse allein sind.«

Viele Nutzer seien allerdings dankbar dafür, räumt sie ein, wenn sich die Redaktion in Debatten einschalte und Schreihälse auf die Umgangsregeln hinweise. »Oder auch darauf, dass wir Leute bei der Staatsanwaltschaft anzeigen, wenn sie hier Strafbares schreiben. Das hier ist ja kein rechtsfreier Raum. Und wenn diejenigen, die eine differenziertere Meinung haben als die Schreihälse, dann sehen, dass wir uns einschalten, dann werden die auch wieder mutiger.« Das heiße nicht, dass man Leute erziehen wolle. Man signalisiere nur, wo die Grenze sei.

Schließlich kommt auch unser Gespräch auf die »generelle gesellschaftliche Diagnose«, wie mein Gegenüber sagt, »dass die Dinge polarisierter geworden sind.« Zu der gehöre dann aber auch, erwidere ich, dass die Algorithmen von Facebook, Instagram und anderen diese Polarisierung vorantrieben. Und jeder, der auf die Reichweite dieser Plattformen setze, mithin auch.

»Na ja«, hält die Kollegin dagegen, »es zeigt uns vielleicht auch als Gesellschaft, wo wir Defizite haben. Dass es eben Menschen mit sehr krassen Meinungen gibt, die zum Teil das Strafrecht tangieren, mindestens aber die guten Sitten der Gesellschaft. Man könnte da auch als Gesellschaft überlegen, dass man da anscheinend irgendwo jemanden außen vorgelassen hat, jemanden vergessen hat. Und ob man sich darum nicht wieder stärker kümmern sollte.«

Löschen, Melden, Schluss

Die Einblicke am Social Media Desk der *Tagesschau* rütteln bei mir ebenso am Menschheitsglauben, wie es Jungredakteurin Kammerer bei manchen ihrer Teamkollegen beobachtet. Tatsächlich fehlt mir das Wohlwollen, um Nutzern, die unter *Tagesschau*-Meldungen ihre Hetze absondern, zugute zu halten, sie fühlten sich womöglich nur abgehängt. Mir wäre wohler, wir könnten sie wirklich hinter uns lassen.

Auch habe ich Zweifel, ob wir tatsächlich darauf hoffen sollten, dass sich immer neue Reihen aufmerksamer Leser in Schlachten gegen offensichtlichen Unsinn stürzen. Wann immer ich mich selbst dazu hinreißen ließ, war mir schnell ein ganzes Wochenende verdorben. Im Nahkampf gegen Hasser und Hetzer, seien sie nun echt oder computerbetrieben, hatte ich nie das Gefühl, viel zu erreichen.

Was mich indes beeindruckt hat, ist die professionelle Abgeklärtheit, mit der Frida Kammerer ihre Arbeit macht, gerade da, wo dann auch ihr Wohlwollen endet. Klicken, löschen, melden, Schluss. Es ist die Routine des Journalistenhandwerks, seit es Papierkörbe gibt.

Andere Tonalität

Weil ich wissen will, wie eine mittelgroße Regionalzeitung mit dem Phänomen Online-Hetze umgeht, lege ich beim nächsten Dreh in Niedersachsen einen Besuch beim *Göttinger Tageblatt* ein.

»Nein, hier laufen keine Rotationspressen mehr«, lachte mich Chefredakteur Frerk Schenker aus, als ich um das Treffen gebeten und nach möglichen Bildmotiven gefragt hatte. In meiner Not hatte ich nach etwas anderem gesucht als dem üblichen Schreibtisch mit Bildschirm und Hand auf der Maus.

Als ich ihn im Verlag treffe, muss ich noch dazu erkennen, dass hier nicht nur der Druck ausgelagert ist, sondern gerade auch nahezu die komplette Redaktion. Die Themenkonferenz bestreitet er mit nur einer Kollegin, in leeren Räumen brütet ein einziger Blattmacher über dem Umbruch. Wie viel davon womöglich auch über die Pandemie hinaus so bleiben wird, weiß Schenker nicht. Aber er weiß, dass die Verlage unter enormem Kostendruck stehen.

»Wir machen hier den kompletten Regionalteil, also alle Geschichten, die aus Göttingen und der erweiterten Region kommen«, erklärt er mir. »Dazu den Sportteil, die lokale Kultur und die lokale Wirtschaft. Alle überregionalen Beiträge beziehen wir von unserem Redaktionsnetzwerk aus Hannover.«

Mit 120 000 Einwohnern sei Göttingen ein Mittelzentrum, wie es typischer kaum sein könnte. Die Blattauflage der Zeitung erreiche derzeit 26 000. »Wir sind eine klassische Lokal-Regionalzeitung«, sagt Schenker. Der Mann hat wie ich Journalismus von der Pike auf gelernt, nur ist er immer den Printmedien treu geblieben.

»Wir sind unterwegs, um die Wirkung eines Gesetzes zu beobachten«, sage ich, »das auf die Schattenseiten der Digitalisierung abzielt, die nunmehr jedem endlos Platz gibt, auch für Unfug. Wie oft sehnen Sie sich zurück nach der klassischen Rundablage namens Papierkorb, wo man einfach hineinwerfen konnte, was da nun mal hineingehört?«

»Ich sehne mich nicht unbedingt danach zurück«, antwortet er, »weil ich weiß, dass heute vieles notwendig ist. Aber ich merke natürlich, dass es für uns komplizierter geworden ist. Leserbriefe sind ein klassischer Weg zur Leser-Blatt-Bindung. Die Leser melden sich mit Namen bei uns, wir kennen sie mitunter sogar persönlich, weil sie uns schon über Jahrzehnte hin schreiben.«

An der Bürowand hängen die Ausdrucke für den nächsten Morgen. Die Leserbriefseite ist im Blatt ein Klassiker, mit acht bis zehn Zuschriften zu den unterschiedlichsten Themen. In der neuen Ausgabe geht es um Windkraft, Klimawandel und die autofreie Innenstadt. »Das ist ein bunter Mix«, sagt der Chefredakteur. »Vor allem merken wir daran immer wieder, dass es zuerst die lokalen Themen sind, die unsere Leser interessieren.«

Aber auch die überregionalen Themen würden aufgegriffen. Die Verfasser seien sehr ausgeruht, sie nähmen sich Zeit. Manche von ihnen fast zu viel, die schrieben dann gleich drei Seiten, die richtig durchdacht seien, regelrechte Essays. Daraus entstünden dann schon mal neue Geschichten.

»Wenn wir das jetzt mit den Internetausgaben vergleichen, sehen wir dort meist nur kurze Versatzstücke«, erklärt mir Schenker. »Dort wird alles schnell gepostet, da ist nichts ausgeruht, häufig auch nicht durchdacht. Man merkt also, dass dort eine ganz andere Tonalität herrscht.«

Wenn er die Wahl habe zwischen einer ausgeruhten Leserbriefseite oder einer Kommentarspalte bei Facebook oder Twitter, sagt er offen, dann ziehe er die gehaltvollere Leserbriefseite bis heute vor.

»Für das Blatt entscheiden Sie ja auch weiterhin als Schleusenwärter darüber, was hineinkommt und was nicht«, fahre ich fort. »Und wenn ein Beitrag Unwahrheiten oder Schlimmeres enthält, können Sie ihn wegwerfen, ohne dass Ihnen gleich zehn andere nachrufen, Sie seien demokratiefeindlich.«

»Wir halten die Meinungsfreiheit hoch«, relativiert er. »Wir nehmen sie ja auch für uns in Anspruch, indem wir selbst Kommentare verfassen. Deswegen möchte ich natürlich auch Lesern die Möglichkeit geben, dass sie ihre Meinung kundtun. Ich bin sogar gespannt auf Redaktionsschelte, also wenn man uns vorwirft, wir hätten keine Ahnung. Das ist für uns gelebte Praxis. Damit können wir umgehen.«

Was nicht gehe, seien justiziable Inhalte, wie er es nennt. Die sortiere man aus. Es gebe manchmal Grenzfälle, zumal manche Verfasser inzwischen herausgefunden hätten, wo das Blatt Schranken setze. Die versuchten sie dann elegant zu umgehen, nur um Falschbehauptungen auf der Leserbriefseite unterzubringen.

»Im Internet haben wir das leider nicht«, sagt Schenker. »Dort gibt es keine Vorfilterung. Dort kann jeder in Echtzeit reinschreiben, was immer er möchte. Vieles davon wollen wir dort eigentlich gar nicht lesen. Und wir sind es dann auch, die das nachher aufräumen müssen. Das macht sehr viel Arbeit.«

Nun fürchtet er, dass das Gesetz gegen Hetze diese Arbeit noch vermehrt. Die Redaktionen gerieten dadurch noch mehr in Zugzwang. »Bisher konnten wir uns im Zweifel ein bisschen auf dem Argument ausruhen, dass wir nicht immer alles gleich erkennen und folglich auch nicht von allem wussten. Das wird natürlich nun schwieriger für uns, sobald wir dazu verpflichtet sind. Wir müssen also noch genauer hinschauen. Und das bedeutet, dass wir mit noch mehr Personen auf die Facebook- und Twitter- und Instagram-Accounts blicken müssen.«

»Personen, die Sie vermutlich nicht übrighaben«, werfe ich ein.

»Die wir zwar nicht übrighaben, aber natürlich ist auch mir klar, dass Markenbindung nicht nur im gedruckten Blatt wichtig ist, sondern auch im Digitalen«, sagt er. Darüber fänden sich ja auch neue Lesergruppen. Trotzdem habe man etwa in der Flüchtlingsdebatte oder auch in den Jahren mit Corona bemerkt, dass derart große Mengen an Netz-Kommentaren aufgekommen seien, die sich kaum noch bewältigen ließen.

»Die Frage ist dann schon: Will ich diese Manpower dann lieber in gute Geschichten stecken?«, sagt er weiter und gibt die Antwort gleich dazu. »Eigentlich ja! Ich freue mich auch jederzeit, solange wir über substanzielle Kommentare reden. Immer gerne! Aber wenn es nur darum geht, Hass und Häme auszuschütten, dann ist das für uns vertane Arbeitszeit, weil wir nur dabei sind, um es sehr plakativ zu sagen, den Müll wegzuräumen. Den Müll eben an Kommentaren, die dort nichts zu suchen haben, weil sie gegen Gesetze verstoßen.«

Alles versandet

Den Meldezwang für Online-Medien, die das Gesetz als letzte Neuerung einführte, hatte sich Schenker noch aus einem anderen Grund nicht gewünscht. Er finde das schwierig, sagt er, denn natürlich stelle sich dann die Frage, ob sich die Presse damit zum Handlanger der Staatsanwaltschaft mache.

»Ich bin der Meinung, dass die Strafverfolgungsbehörden selbständig vorgehen müssen, ohne dass wir deren Arbeit übernehmen«, sagt er. »Auch wenn man natürlich einwenden kann, dass irgendjemand ja die Staatsanwaltschaft darüber informieren muss, dass etwas vorgefallen ist, und dass eben auch die Community von sich aus reagieren sollte. Die Frage scheint mir aber auch: Wie erfolgreich wird das sein?«

Er selbst habe zuletzt drei Anzeigen bei der Staatsanwaltschaft gestellt, nachdem Mitarbeiter Hass-Posts auf den Facebook-Seiten der Zeitung entdeckt hätten. Alle drei seien versandet. Das erhöhe dann sogar noch den Frust in der Redaktion, wenn sie zwar permanent Dinge melden müsse, am Ende aber gar nichts dabei herauskomme.

Ob er wisse, warum die Anzeigen versandet seien, frage ich nach.

»Bei einer habe ich nachgehakt, das Verfahren wurde eingestellt«, antwortet er. »Bei den beiden weiteren muss ich gestehen, habe ich es gar nicht mehr probiert und es über die Monate hinweg dann schlichtweg vergessen.«

Allerdings habe ihn der Ermittler schon vorweg wissen lassen, was die Redaktion da gemeldet hätte, sei wohl gerade an der Grenze dessen, was wahrscheinlich noch erlaubt sei, sagt der Chefredakteur. Das mache dann nicht wirklich Spaß.

Verstärker von Unsicherheit

Was auf den Social-Media-Seiten sowohl der Printmedien als auch der TV-Sender bald darauf noch spürbar zunehmen wird, sind die Desinformationsversuche Moskaus im Zuge des Ukraine-Krieges.

Laut *Faktenfinder*-Recherchen setzt die Kreml-Propaganda auch dabei sowohl computergestützte Bot-Profile als auch »menschliche Troll-Fabriken« und »Click-Arbeiter« ein, die meist schon daran zu erkennen seien, dass sie in erhöhter Frequenz »Copy-and-Paste-Inhalte« verbreiteten, vorzugsweise »während gängiger Kernarbeitszeiten.« Mithilfe solcher Textbausteine riefen dann vorgeblich Frauen etwa unter ukrainischen Youtube-Nachrichten dazu auf, zu kapitulieren und mit den russischen Besatzern zusammenzuarbeiten. Auch auf Twitter seien solche Aktivitäten schon aufgefallen, oft unter erfundenen westlichen Zeitungstiteln wie *Hamburg Bote* oder *DresdenBote,* aus denen dann wiederum der russische Staatssender *RT* angeblich authentisch deutsche Positionen zitiere.

Die Ziele solcher Desinformation sind immer gleich: Während zu Hause kritische Quellen verboten werden, soll sie in zugänglichen westlichen Gesellschaften Verunsicherung und Ängste schüren oder verstärken und so letztlich politische Entscheidungen oder gar Wahlen beeinflussen.

Im April 2022 meldet die *Frankfurter Allgemeine Zeitung*, gestützt auf eine internationale Desinformationsstudie, dass auf Facebook und Youtube nur etwa fünf Prozent der russischen Propaganda-Beiträge gelöscht würden. Von den Profilen, die sie verbreiteten, seien durch interne Regularien auf Facebook nur 2,5 Prozent, auf Youtube nicht einmal 1,5 Prozent verschwunden.

Im Fall eines verurteilten Täters in Niedersachsen stoßen auch wir noch auf eine solche mutmaßliche Moskauer Propagandaquelle, die sich mit einem Berliner Zeitungstitel tarnte. Zunächst aber führt unsere Reise weiter nach Süden. Zu Ermittlern, die bei ihrer täglichen Arbeit ebenfalls nicht ohne Tarnung auskommen.

11

Jenseits von Idar-Oberstein
Bei V-Leuten in Rheinland-Pfalz

Als ich zum ersten Treffen in Mainz unterwegs bin, zerlegen Wolkenschichten die Morgensonne in leuchtende Streifen. Die Konturen der Domkuppel verdeckt ein Baugerüst. Auf den Dächern der Altstadt liegt Raureif. Aus ihren Schornsteinen steigt heller Rauch.

Meiner Unterkunft gleich gegenüber liegt das Innenministerium, dem auch der Verfassungsschutz des Bundeslandes untersteht. Im Vorgespräch stellt man mir die Frage, ob ich denn sicher sei, dass die Arbeit dieser Art Ermittler in meinen Film passen werde.

Wie schon in Dresden und Hannover hatte ich auch hier damit gerechnet, dass ich nicht weit kommen würde. Noch weit mehr als Polizei und Staatsanwaltschaften reagieren Verfassungsschützer gewöhnlich zugeknöpft auf Anfragen der Presse. In diesem Fall kommt ihre Sorge hinzu, dass sich örtliche Fernsehkollegen beklagen könnten, wenn sie einem Reporter aus Hamburg die Tür weiter als ihnen öffnen würden.

Doch das Ministerium hatte der Öffentlichkeit auch etwas versprochen. »Wir sehen nicht tatenlos zu, wenn Bürgermeister und Bürgermeisterinnen oder Gemeinderäte bedroht werden. Unser Staat ist wehrhaft«, hatten im Vorjahr die Regierungschefin Malu Dreyer und ihr Minister angekündigt und die Gründung einer neuen »Task Force im Kampf gegen Gewaltaufrufe« gemeldet. Ausmaß und Grad der Verrohung hätten inzwischen erschreckend zugenommen. Es gelte deshalb, Zeichen und Grenzen zu setzen, möglichst viele Akteure aus ihrer Anonymität zu reißen und mit den Mitteln des Strafrechts konsequent vorzugehen.

Da schien es legitim, ein Jahr später nach Erfolgen zu fragen.

Heimatklänge

Zudem ist mir Mainz nicht fremd, ich habe hier Studienjahre verbracht, auch wenn ich die Institute für Soziologie, Geografie und Publizistik heute kaum noch finden würde, an denen ich ein und aus ging, so sehr ist die Uni über ihren damaligen Campus hinausgewachsen. Der Dialekt der Rheinhessen, wenn nicht gar der meiner nahen Pfälzer Heimat, hing mir noch nach, als ich mein Volontariat beim Sender Freies Berlin begann.

Dort hatte die gestrenge Rundfunksprecherin Jana Louka für diese Regionen, die so beharrlich sowohl den Unterschied zwischen stimmhaften und stimmlosen Zischlauten leugnen wie den zwischen trockenen und feuchten Konsonanten, eine eigene Wortfolge aus ihrer alten Übungsfibel für Schauspieler parat. »Chinesische und tschechoslowakische Mädchenschulbücher« lautete er. Ein endloser Zungenbrecher, vor allem für fassenachtgeprägte Mainzer, die darüber schmerzfrei mit der Variante hinweggehen: »Schinesische und tschescheslowagische Medschenschulbüscher«.

Einen steinigeren Weg hatte nur noch ein kühner Praktikant aus Sachsen vor sich, der die Bitte um ein klares »Aaa«

beharrlich mit einem klaren »Ooo« beantwortete und auf die Frage der Lehrerin, ob er denn bei sich Fortschritte herauszuhören glaube, lange entgegnete, es werde »eschd bässor«.

Von all dem schleifte Frau Louka noch die letzte Spur, bevor wir auf den Sender durften.

Als die Mauer fiel, war mein Volontariat zu Ende und der Bedarf groß an Reportern, die täglich die Geschichten erzählten, die auf Berlins wiederverbundenen Straßen lagen. Ich blieb noch sechs Jahre. Dann ging ich zu *Panorama* nach Hamburg und später nach Tokio in mein erstes Auslandsstudio, wo ich gerade wieder kurzzeitig aushalf, bevor ich mit der Recherche für das Projekt *Hass im Netz* begann.

Nun will es der Zufall, dass der Leiter des Landesverfassungsschutzes, dem ich in Mainz zuhöre, einen Bericht aus diesen Wochen im *Weltspiegel* gesehen hat. »Stellen Sie sich aber mal nicht zu viel vor«, warnt er deshalb, nicht ohne Koketterie, »Mainz ist etwas beschaulicher als Tokio.«

Tatsächlich folgt die Task Force der Rheinland-Pfälzer einem eigenen Ansatz, indem sie auch den Verfassungsschutz enger als andere einbeziehen, um das Gesetz gegen Rechtsextremismus und Hasskriminalität umzusetzen, das die Bundesregierung im Sommer 2020 dem bisherigen Paket noch hinzufügte. Und auch hier half mir offenbar, was in Dresden und Hannover ebenfalls half: Den Ermittlern passt auch mehr Öffentlichkeit gut ins Konzept der Prävention. Zudem schienen sie gerne einmal darzulegen, was sie sorgt. Und was sie können.

Wochen später wird mein Kamerateam das erste sein, das in den Räumen des Verfassungsschutzes beobachten kann, wie verdeckte Ermittler sich mit falschem Profil tagtäglich in rechtsradikale Kreise begeben, um Erkenntnisse über deren Akteure und Netzwerke zu sammeln. Ich stimme zu, dabei weder preiszugeben, wo genau in der Stadt die Sicherheitsschleusen stehen, die wir dafür passieren müssen, noch die Namen und Gesichter der Mitarbeiter, die wir hier treffen.

Tapetenmuster aus Tatverdächtigen

»Wir legen Nutzerprofile in sozialen Netzwerken an«, erklärt mir bald darauf ein junger Mann in Hemd und Jeans. »Darunter sind klassische Anbieter wie Facebook, aber auch Messengerdienste wie Telegram. Das tun wir verdeckt, so als wären wir selbst Akteure in der Szene.«

Ziel sei es, auf diese Weise Gruppen zu infiltrieren und so herauszufinden, ob rechtsextremistische Bestrebungen erkennbar seien, insbesondere solche, die das Bundesland Rheinland-Pfalz beträfen. Im Unterschied zu anderen Ermittlern, die ich besucht habe, sucht der Verfassungsschützer mithin auch anlasslos selbst nach Tatverdächtigen und nicht erst dann, wenn Dritte von außen Anzeigen erstattet haben.

Wie andere Bedienstete auch, hatte der Mann am Morgen seine Bürotür aufgeschlossen, das Licht angeknipst und den Computer hochgefahren. Dann hatte er Akten aus dem Tresorschrank geholt und dazu am Monitor Online-Seiten geöffnet.

Die ersten Foto-Galerien der Facebook-Gruppe, auf die der V-Mann zugreift, zeigen etwa Adolf Hitler in Uniform, wie er im offenen Wagen stehend die Rechte zum Gruß erhebt, am Straßenrand die jubelnde Menge, dazu mit Hakenkreuzen bestückte Fahnen. Dann wieder den Führer im Porträtformat, mit blauen Augen und schmallippig, glattrasiert bis auf das pinselförmige Bärtchen. Oder für alle Follower, die ihn lieber locker mögen: Führer im hellen Anzug, mit Krawatte zwischen weitem Revers, auf der Kante des massiven Schreibtisches sitzend, mit Blumengesteck in der Unschärfe. Für Neonazis offenbar ein Glücksquell, eine Fundgrube zum vertraulichen Stöbern. Die Seite verzeichnet beachtliche Zugriffszahlen.

»Wen finden Sie da so während Ihrer Streifzüge?«, frage ich.

In der Regel seien die Netzwerke fest organisiert, sagt mein Gegenüber. Er versuche dann, ihre Strukturen zu erkennen und ihr Nutzerverhalten auszuwerten. Und natürlich herauszufinden, wer die Akteure seien, die sich meist hinter Decknamen verbergen würden.

»Was wir hier vorfinden, sind eindeutig Inhalte, die der Glorifizierung von Adolf Hitler und des Dritten Reichs dienen. Entsprechend sind das auch schon Straftaten, die damit begangen werden«, sagt er, während vor ihm weitere Bildstrecken auftauchen. »Das erfüllt alles zum Beispiel den Strafrechtsparagrafen gegen das Verbreiten von Propagandamaterial verfassungswidriger Organisationen, wie das Hakenkreuz oder den SS-Totenschädel. Es handelt sich also eindeutig um rechtsextremistische Bestrebungen.«

Ob das heiße, dass wir hier schon auf Beweismaterial für eine Anklage blickten, frage ich.

»Jedenfalls ist es der Anfangsverdacht, wir wissen jetzt, dass eine Person entsprechende Inhalte publiziert«, sagt er. »Die werden dann oft auch begleitet von volksverhetzenden Aussagen. Das nehmen wir wahr und beginnen dann mit weiteren Ermittlungen, um letztlich den Täter herauszufinden.«

Das meiste davon sei händische Arbeit. Erst wenn es um die Kontakte und Kommunikationswege der Täter gehe, nehme er mehr Software zu Hilfe. Etwa um herauszufinden, wo der Kern eines Netzwerks sei und wie weit dessen Umfeld reiche.

»Wenn ich beispielsweise über Telegram auf eine Person

aufmerksam werde, untersuche ich, ob sie auch in anderen Netzwerken aktiv ist. Das ist man ja in der Regel, bis hin zu Freundschaften, die man eingeht. Wir sprechen dann von crossmedialer Recherche, die uns zu weiteren Verbindungen führt.«

Die Datenanalyse, die der V-Mann so erstellt, mündet in Grafiken, die aus der Ferne betrachtet auch als Tapetenmuster taugen würden. Wie arrangierte Strohblumen, nur bunter. Von einzelnen Verdickungen laufen strahlenförmig dünne Linien weg, manche zu anderen Knotenpunkten, manche nur, um bald in vereinzelten Punkten zu enden.

»Jeder einzelne Punkt stellt quasi ein Profil einer Person in einem sozialen Netzwerk dar, und davon ausgehend sehen wir dessen Freunde im jeweiligen Netzwerk«, sagt der V-Mann und nennt als meistgenutzte Anbieter neben Telegram auch Facebook sowie die russlandbasierte VK.com-Plattform, die unter Rechten schon vor Telegram als Alternative zu Facebook gepriesen worden sei.

»Die Software zeigt mir dann auch, wo die Schnittmengen der Freundeskreise einzelner Akteure liegen. So kann ich Multiplikatoren identifizieren und sichtbar machen, wer mit wem wie engen Kontakt pflegt.« Manche der Akteure verwendeten offen ihre Klarnamen, andere versteckten sich hinter Pseudonymen, je nachdem, wie sicher sie sich in einem Netzwerk fühlten. Oft müsse er also sehr viel länger recherchieren, um mehr über jene herauszufinden, die sich Decknamen zulegten.

In Ausschnittvergrößerungen halten seine Grafiken weitere Details zur Beziehung zwischen einzelnen Nutzern bereit. Deshalb zoomt der V-Mann für uns tiefer ins Blüteninnere.

»Hier zum Beispiel sehen wir die Verbindungen zwischen drei Nutzern«, sagt er und zeigt auf das nun erscheinende Pfeil-Diagramm, das unterschiedliche Intensitäten benennt, vom bloßen Nachrichtenaustausch bis zur »Friend-Friend-Reaction«.

»Und jeder Punkt steht immer für eine Person?«, frage ich.

»Zumindest für ein soziales Profil in einem Netzwerk«, korrigiert er mich. »Das müssen nicht zwangsläufig verschiedene Personen sein, denn jeder kann sich ja beliebig viele Profile in sozialen Netzwerken anlegen.«

Konkrete Anschlagsplanung?

Während am Himmel über dem Dom die Sonne auf Mittagshöhe wandert, lerne ich, wer in dem Blumenmuster der Verfassungsschützer wie viele soziale Kontakte im jeweiligen Netzwerk hat, wie sehr diese wiederum verknüpft sind und wo sich die Multiplikatoren und zentralen Akteure finden, die aktiv die Szene vernetzen. Kurzum, wer die mutmaßlichen Schlüsselfiguren sind und wer eher die weniger vernetzten Mitläufer am Rande.

»So behalten Sie also die Akteure und deren Kommunikation im Blick und sehen zudem, ob eine Gruppe wächst«, fasse ich zusammen. »Ab wann melden Sie dann: Da braut sich jetzt was zusammen, da müssen wir etwas tun?«

»Auch das passiert«, bestätigt der V-Mann. »Dann nämlich, wenn wir klar strafrechtlich relevante Inhalte erkennen. Die übermitteln wir dann zur Strafverfolgung an das Landeskriminalamt. Und erst recht, wenn wir Anzeichen finden, die schon auf eine konkrete Gefährdungslage für Leib und Leben hinweisen, also auf mögliche Anschlagsplanungen, schwere staatsgefährdende Gewalttaten. Da geht es dann meist auch um illegalen Waffenbesitz, Munitionsbevorratung und konkrete Anschlagsplanung.«

In dem Post, den er dazu als Beispiel auf den Bildschirm

holt, posiert ein Akteur mit Pistole in einem Schießtunnel. Über sein Gesicht hat er eine Maske samt Stirnbinde kopiert. Als Zielobjekt erkenne ich das Konterfei von Kanzlerin Merkel, das von Einschüssen bereits durchlöchert ist. Neben der Aufnahme des Schießstandes zeigt ein weiteres Foto einen geöffneten Karton mit Patronen. Daneben ist der Hinweis zu lesen, das sei »nur ein kleiner Vorrat«. Ganz so, als plane der Schütze Größeres.

»Man konnte also sehen, wie sich der Mann aufmunitioniert und womöglich vorbereitet hat«, folgert der Fahnder. »In einem solchen Fall wird natürlich sofort versucht, die Klarpersonalie der Person herauszufinden.«

Obwohl der Verdächtige einen Decknamen benutzt und sein Gesicht verhüllt habe, sei dies gelungen. »Er hatte sich vermutlich in hinreichender Sicherheit gewogen, um das zu posten. Über verschiedene Ermittlungswege fanden wir ihn dennoch.«

Gemeinsam mit Fahndern auf Bundesebene habe man den Mann als tschechischen Staatsbürger identifiziert. Da er auch im Ausland wohnte, gaben die Mainzer die weiteren Ermittlungen dorthin ab.

Gute Tage, schlechte Tage

Wie bei anderen Fahndern führt die technische Entwicklung längst auch bei Online-Strafverfolgern zu dem Empfinden, sie seien Teil eines Hase-und-Igel-Wettlaufs mit den Tätern, die sich womöglich schneller professionalisieren als sie. Auch dem Mainzer V-Mann ist der Eindruck nicht fremd.

»Die Kommunikation ist klar konspirativer geworden durch die neueren Netzwerke und Messengerdienste«, bestätigt er. »Den Akteuren ist natürlich bekannt, dass die Sicherheitsbehörden inzwischen auch die virtuelle Welt im Blick haben. Folglich versuchen sie, Wege zu finden, die eine bessere Verschlüsselung bieten und integrierte Tools, um ihre Kommunikation zu verschleiern.« Das mache es deutlich schwieriger, Gruppen zu infiltrieren. Das bemerke auch er. »Aber dieser Entwicklung passen auch wir uns natürlich an. Es ist eine sehr lebhafte Entwicklung.«

Als der Beamte eine Bildschirmpause einlegt, komme ich auf sein Privatleben zu sprechen. Wenn seine Online-Legende glaubwürdig bleiben solle, könne er kaum zu den üblichen Bürozeiten damit unterwegs sein, sage ich. Wie denn seine Frau eigentlich reagiere, wenn er nachts um drei ankündige, er müsse gleich mal wieder Nazi spielen?

»Die hat Verständnis dafür«, sagt er und lacht. »Das Profil, mit dem wir unterwegs sind, mimt ja tatsächlich einen rechtsextremistischen Akteur. Das heißt, wir versuchen auch ein möglichst realistisches Nutzerverhalten nachzubilden, das auch nach Dienstschluss, an Wochenenden und an klassischen Feiertagen gilt, also über das ganze Jahr hinweg.«

Was denn für ihn ein guter Tag gewesen sei, frage ich abschließend.

»Ein guter Tag ist, wenn man tatsächlich eine Person identifizieren konnte. Wenn man wie in solchen Fällen auch strafrechtlich relevante Inhalte festgestellt hat, sie an das LKA übergeben konnte und man damit einen Rechtsextremisten aus der Deckung locken konnte und dann tatsächlich weiß, mit wem man es zu tun hat«, sagt er. »Das ist eigentlich das größte Erfolgserlebnis, das man hier hat.«

»Und was ist ein eher schlechter Tag?«

»Wenn man zwar entsprechende Inhalte findet, nicht aber die Person, die dahintersteht und verantwortlich ist. Dann ist es für die Sicherheitsbehörden schwer, dem nachzugehen, das ist dann frustrierend. Aber wir bleiben trotzdem dran. Und manchmal gelingt es schneller, manchmal dauert es ein bisschen länger. Es ist immer ein Prozess, und jeder Fall ist anders. Manches spornt uns dann nur umso mehr an. Wir lassen uns jedenfalls nicht einschüchtern.«

Im Lagezentrum

Elmar May ist ein erfahrener Ermittler und ruhiger Redner. Treuer Blick, dunkle Stimme, lokaler Akzent. So bedenkenlos man diesem Mann die Autoschlüssel überlassen würde, vertraut ihm Rheinland-Pfalz seit Jahren sicherheitsrelevante Ämter an. Fast vierzig Jahre lang war er im Polizeidienst, leitete verdeckte Ermittlungen und mobile Einsatzkommandos im Landeskriminalamt und führte das Polizeipräsidium in Kaiserslautern. Seit 2017 steht er im Innenministerium dem Landesverfassungsschutz vor.

Er kennt die Polizei von innen, und er weiß, was draußen auf sie wartet.

Als jedoch im benachbarten Hessen ein radikalisierter Täter dem Kasseler Regierungspräsidenten Walter Lübcke in dessen Garten auflauerte, um ihn per Kopfschuss hinzurichten, verließ auch May die Routine. Nicht weil es die erste politisch motivierte Tötung gewesen wäre, sondern weil sich gerade diese Tat rückblickend betrachten ließ wie das Erfüllen unzähliger konkreter Handlungsaufforderungen, die über Jahre online kursierten und beklatscht wurden.

»Eben weil es diese Hinweise im Internet gegeben hatte, nahmen wir uns vor: Wir müssen dort aktiver sein, wir müssen solche Spuren und Gewaltaufrufe frühzeitig erkennen und auch die Vernetzung solcher Personen«, legt May im Gespräch dar. »Die Botschaft muss von nun an sein: Wir erkennen euch. Wir sind auch dort präsent, wo ihr glaubt, heimlich

Dinge verabreden zu können. Und wir verfolgen das konsequent.«

Deswegen stehe seine Behörde in direktem Kontakt mit dem Landeskriminalamt, das dann die Strafverfolgung und Gefahrenabwehr übernehme. »Das gelingt sicherlich nicht in allen Fällen, aber wir erhöhen die Entdeckungswahrscheinlichkeit deutlich. Das Signal ist: Wir schauen sehr genau hin und wir holen euch aus eurer Anonymität.« Die digitale Welt sei zwar kein Neuland mehr. Aber wenn dort mehr Taten abgesprochen würden, dann müsse man eben dort auch präsenter sein, früher ansetzen und das, was man feststelle, mit anderen teilen, damit rasch Maßnahmen möglich würden.

Der Raum, in dem wir uns beim Verfassungsschutz gegenübersitzen, ist Mays Lagezentrum. Ein großer, grauer Konferenztisch mit Monitor-Anschlüssen an jedem Platz. »In der Regel stimmen sich die Beteiligten telefonisch ab oder sitzen hier persönlich zusammen«, sagt er. »Wir nennen das dann Fallkonferenz. Möglicherweise haben wir die Zielperson schon identifiziert, möglicherweise sind dazu auch noch Schritte notwendig. Das wird dann besprochen und dokumentiert. Das machen wir jetzt seit über einem Jahr sehr kooperativ.«

Natürlich kennt auch May das Trennungsgebot zwischen Polizei und Verfassungsschutz. Trotzdem gebe es eben auch eine Schnittmenge an Aufgaben. »Der Verfassungsschutz klärt extremistische Szenen und Personen auf. Die Polizei wiederum ist dann für konkrete Strafverfolgung und Gefahrenabwehr zuständig«, erklärt er mir. Gerade die Fahndungsarbeit im rechtsextremen Milieu dem Verfassungsschutz zu übertragen, mache Sinn. »Wir klären ja nicht nur im Internet auf, sondern überall, wo wir Rechtsextremisten vermuten, wo wir Rechtsextremisten kennen und deren Verbindungen.«

Dass technische Entwicklungen mitunter Verfolgung auch

erschwerten, sei nicht neu, sagt er, damit müsse man leben. Auch die neuere Rechtsprechung zur Hasskriminalität beobachte man und prüfe schon intern vorab, was voraussichtlich Straftatbestände erfülle. »Die nächste Einschätzung folgt dann beim Landeskriminalamt oder der Polizeistelle, die das bearbeitet. Dann prüft der Staatsanwalt, dann die Gerichte, die urteilen. Aber bisher können wir mit den Ergebnissen hier sehr gut leben.«

Wieder ein Kopfschuss

Womit Verfassungsschützer stets weniger gut leben, ist die Tatsache, dass der Öffentlichkeit selten auffällt, was sie verhindern, aber umso eher, was ihnen entging. Als Elmar May sein selbstbewusstes Fazit zieht, weiß er noch nicht, dass der nächste Kopfschuss eines durchgeknallten Chatgruppen-Nutzers, der erneut das ganze Land aufrütteln wird, bald in seinem Bundesland fällt. Das Opfer wird ein junger Student sein, der in der Kleinstadt Idar-Oberstein als Tankstellen-Kassierer aushilft und einen Bierkäufer auf die Maskenpflicht hinweist. Und der wie Walter Lübcke sterben wird, weil ein im Netz radikalisierter Täter sich offenbar im legitimen Widerstand wähnt, gegen welchen Repräsentanten welcher Verschwörung auch immer, von der er sich umgeben sieht.

Meine Rückfrage an Mays Team, ob der Schütze in den Pfeil-Diagrammen seiner V-Leute erfasst gewesen sei, wird eine Pressesprecherin dann wieder beantworten wie sonst. Keine Auskünfte zu laufenden Ermittlungen. Ich möge Verständnis haben.

12

Der Fall Schäuble
Ermittler vor Hindernissen

Als im April 2019 des Führers Geburtstag naht, hält ein Hobbybäcker im Zuständigkeitsbereich des Mainzer Landeskriminalamts es für angemessen, der Welt eine rechteckige Hitler-Torte mit Porträtbild, Hakenkreuz und Kerze vorzustellen, die er pünktlich am Zwanzigsten des Monats als Online-Foto mit gleichgesinnten Freunden teilt.

Pech für ihn, dass zumindest bei einem der Empfänger später Zweifel am Geschmack der Kreation aufkamen, und das nicht wegen des Marzipans. So wurde der Bäcker angezeigt. Das LKA ermittelt daraufhin einen Ersttäter und bringt einen Strafbefehl über eintausend Euro auf den Weg, ersatzweise Haft auf Bewährung, wegen Verwendung von Kennzeichen verfassungswidriger Organisationen nach Paragraf 86a des Strafgesetzbuchs, Aktenzeichen 400 Js 8151/21.

»Zu einer Gerichtsverhandlung kam es nicht«, erinnert sich Hans Kästner, der im LKA die Abteilung »Politisch motivierte Kriminalität« leitet. Wir haben den Ort gewechselt, hinüber in die Mainzer Neustadt, ins schmucklose Polizeipräsidium. Betonkasten, überdimensionale Dachantennen, Dienstfahrzeuge.

Den Zeitpunkt, zu dem er die Abteilung übernahm, benennt Kästner auf bezeichnende Weise. »Vier Wochen nach dem Fall Lübcke war das«, sagt er, »ab da liefen auch bei uns die Uhren noch mal schneller.«

Kratzen am Eisberg

Auch das Mainzer LKA recherchiert jenseits der eingehenden Anzeigen selbst nach Delikten. Dazu kommen die Fälle, die der Verfassungsschutz durchreicht. In den letzten Jahren fielen dem Kriminalisten dabei Trends auf.

»Wir verfolgen zunehmend, dass nicht nur die Menge, sondern auch die Heftigkeit der Posts zunimmt, was die Formulierungen, die Inhalte und die Beleidigungstatbestände angeht«, sagt Kästner. Und schließt daraus: »Nach meiner persönlichen Meinung ist es notwendig, Personen, die solche Sachverhalte ins Netz stellen, hier wirklich rigoros zu verfolgen.«

Man nimmt dem Mann ab, dass ihm ernsthafte Sorgen macht, was er beobachtet. Er hat sich auf unser Treffen vorbereitet, vor ihm liegen markierte Notizen, die Projektionsfläche an der Wand hinter ihm zeigt den Facebook-Post der Hitlertorte mit Datum und Quelle.

»Das ist jetzt als Fall relativ eindeutig«, erläutert er. »Die Sache ist durchermittelt und meines Wissens abgeschlossen. Der Strafbefehl erging. Es handelte sich um einen Ersttäter. Aber allein das Datum belegt: Der Beschuldigte wusste sehr genau, was er tut.«

Was Kästner noch mehr beschäftigt, ist der zweite Trend, den er im Blick hat. »Unsere Erfahrungen der letzten Jahre gehen dahin, dass wir zunehmend Beschuldigte ausmachen, die bis dahin weder der rechten Szene zuzuordnen noch sonst wie polizeilich bekannt waren. Wir haben es also mit Tätern zu tun, die sich mal eben dazu hinreißen lassen, solche Dinge zu posten.«

Auch Kästner kennt die Erklärungsversuche, wonach das Internet die verrauchten Hinterzimmer der Kneipen ersetzt hat oder Menschen sich online noch immer so anonym und sicher glauben, als zeigten sie im Auto jemandem den Vogel.

»Das Netz ist aber kein rechtsfreier Raum mehr. Wir klären inzwischen um die achtzig Prozent dieser Taten auf und bringen sie so aus dem Verborgenen ans Licht und in Strafverfahren«, sagt er. Und fügt noch einen dritten Trend hinzu.

»Was die Profile angeht, war unsere Sichtweise lange die auf Täterschaften im Alter von so etwa Mitte zwanzig«, sagt er. »Auch das stimmt so nicht mehr. Wir haben nunmehr in der Regel Personen in der Altersgruppe über dreißig, die uns auffallen.« Auch verzeichne man auf Rheinland-Pfalz bezogen einen steigenden Anteil von Täterinnen, zumindest im Bereich strafbarer Hass-Postings, wo Frauen inzwischen vierzehn Prozent der Beschuldigten ausmachten, im Vergleich zu elf Prozent bei politisch motivierter Kriminalität insgesamt.

Zum Post der Hitler-Torte formuliert der LKA-Mann abschließend, dieser sei »von Inhalt und Schwere her noch unterschwellig«. Denn es seien »weit härtere Darstellungen und Texte« im Umlauf. Die Erfahrungen zeigten aber, dass solche Straftaten inzwischen zunehmend aufgeklärt würden, eben weil das LKA sie rigoroser verfolge.

Die Gesamtzahl der Verfahren wegen Hasskriminalität habe sich so in den letzten Jahren verdoppelt. Das gelte auch für das Segment der Online-Äußerungen. »Dennoch sind wir uns bewusst, dass wir damit nur an der Spitze des Eisberges kratzen«, bilanziert er. »Denn im Netz kursiert in Wahrheit viel, viel mehr.«

»Heißt das, die Leute sind radikaler geworden?«, frage ich.

»Man ist zumindest schneller dabei, sich derartig zu äußern«, findet er, »und man fühlt sich irgendwie veranlasst oder getrieben, entsprechende Posts auch unterstützend zu kommentieren. Die Tendenz geht dahin, dass sich dort dann die Dinge weiter überschlagen. Das ist teilweise schon inflationär, wie sich so ein Chatverlauf entwickelt. Da kommt es zur Agitation, man fängt an, den anderen zu übertreffen, und es entsteht eine Überhitzung, die in der Tat dazu führen kann, dass Gefahrenlagen daraus entstehen bis hin zu Gewalttaten.«

Den Befund des überhitzten Netzes hält Kästner für zentral. Deshalb fordert er die Nutzergemeinde auf, auch selbst offensiver gegen übergriffige Beiträge vorzugehen. Auch seine Behörde hält dafür wie die Dresdner Kollegen inzwischen digitale Meldeportale vor. »Diese Tatbestände sind einfach nicht hinnehmbar«, sagt er. »Das sind Beleidigungen, Bedrohungen, teilweise sogar mit Gefahrenüberhängen, die wir als Polizei angehen müssen, etwa wenn im Zusammenhang mit einer Umsturzdrohung bereits Waffen angeschafft wurden.«

Der nächste Anschlag

Spätestens als er das zweite Fallbeispiel auf die Leinwand projiziert, verstehe ich, was der LKA-Mann meinte, als er von zunehmender Intensität und gestiegenem Gefahrenpotenzial sprach. Wenngleich ich nicht vorhatte, meine Recherchereise entlang hochrangiger Politiker auszurichten, führt sie nach dem Chemnitzer Tatverdächtigen, der die amtierende Kanzlerin »ins KZ« wünschte, nun erneut zu einem hochrangigen Bundespolitiker nach Berlin. Und auch diesmal könnte das Beweismaterial widerlicher kaum sein.

Die örtliche Justiz hat es in Akten mit dem Kennzeichen 6 Js 61/20 abgelegt. Beschuldigter ist ein zum Tatzeitpunkt 45-jähriger Bewohner des Landkreises Birkenfeld im Hunsrück. Ziel seiner Hetze war der CDU-Politiker und damalige Bundestagspräsident Wolfgang Schäuble, der seit einem Attentat im Jahre 1990 querschnittsgelähmt ist.

Der Beschuldigte hat den Ermittlern zufolge einen Facebook-Eintrag verfasst, den er zu einem Foto des Parlamentariers stellte. »Dieser stinkende kleine Rollstuhl-Spasti«, wütete er. »Der nächste Anschlag auf sein kümmerliches Leben sollte besser durchgeführt werden.«

»Was Sie hier lesen, erfüllt gleich mehrere Straftatbestände«, erläutert Kästner, als er auf das rot markierte Zitat zeigt. »Das ist zum einen ganz klar eine Beleidigung nach Strafrechtgesetzbuch-Paragraf 185 und zugleich eine Verunglimpfung von Verfassungsorganen nach Paragraf 90b. Zudem sind wir mit dem Aufruf zu einem weiteren Attentat im Bereich von Paragraf 111, also bei einer öffentlichen Aufforderung zu Straftaten.«

Auf den Post seien die Ermittler gestoßen, während sie in einem anderen Fall recherchiert hätten. »Wir haben den Eintrag gesehen und konnten ihn einer Person zuordnen, die in Rheinland-Pfalz lebt und im rechten Spektrum aktiv ist.«

Danach wirkt Kästner zögerlich, denn auch der Fortgang diese Falles scheint für den Ermittler nicht leicht zu ertragen. Tatsächlich scheiterte das Strafverfahren in jedem Punkt an Hindernissen.

Zunächst fehlte dem zuständigen Generalstaatsanwalt in Koblenz, der in Justizkreisen als eher vorsichtiger Strafverfolger gilt, die Eindeutigkeit des Beweismittels, um damit einen Aufruf zum Attentat gerichtsfest zu belegen. Die übrigen Tatbestände der Beleidigung wiederum verlangten einen Strafantrag des Betroffenen.

»Sprich«, folgert Kästner, »diese Straftat wird nur dann verfolgt, wenn sie entsprechend mit einer Verfolgungsermächtigung belegt wird. Ob das geschieht oder nicht, entscheidet derjenige, der beleidigt wurde, also in dem Fall Herr Dr. Schäuble.«

Auf den Umstand, dass sich Berliner Politiker offenbar schwer damit tun, ihr eigenes Gesetz gegen Hass umzusetzen, sobald es von ihnen selbst Strafanträge erfordert, bin ich schon im niedersächsischen Emsland gestoßen, als eine ermittelnde Staatsanwältin fast durchweg Absagen der fünfzehn Regierungsmitglieder erhalten hatte, die im Netz als »größter Abschaum der deutschen Geschichte« verhöhnt worden waren, und das Verfahren deshalb beinahe ohne Strafantrag hatte einstellen müssen.

Nun macht auch Kästner keinen Hehl draus, dass er den Antragsvorbehalt im Gesetzestext für einen Fehler hält. »Meine persönliche Meinung ist«, signalisiert er, »dass ich es lieber sehen würde, wenn wir diese Sachverhalte konsequent in Strafverfahren einbringen könnten.«

Nicht einmal ignorieren

Um mehr über den Hintergrund zu erfahren, bemühe ich mich nach der Abreise aus Mainz um Gesprächstermine sowohl beim Koblenzer Generalstaatsanwalt als auch beim Abgeordneten und Parlamentspräsidenten Wolfgang Schäuble in Berlin.

Dabei fällt es mir schwer, Schäuble dafür zu kritisieren, dass er die Strafverfolgung seines Beleidigers faktisch blockiert hat. Wer wollte es ihm vorwerfen, dass gerade er solchen Verbalattacken keine Aufmerksamkeit widmen möchte. Wenn es das erste Motiv des Täters war, Schäuble zu erniedrigen, würde er womöglich seinem Ziel nur näherkommen, sobald der Beleidigte reagierte. Warum also sollte Schäuble Tat und Täter aufwerten?

Andererseits ist da nun das Gesetz gegen Hass im Netz, das eben der Bundestag für so dringend erforderlich hielt. Das Parlament also, das Schäuble als Präsident repräsentiert.

Warum sollten Bürgerinnen und Bürger den Aufrufen von Politik und Polizei nachkommen, konsequent Hetze im Netz anzuzeigen und als Zeugen verfügbar zu sein, wenn die Gesetzgeber selbst sich wegducken? Obwohl sie, anders als ihre Wähler, über Büromitarbeiter verfügen, die sie damit betrauen können.

Und schließlich ist da der Aufwand der Strafverfolger, der sich als vergeblich erweist, sobald sie Verfahren wegen fehlender Strafanträge einstellen müssen. Dass sie schon vorab bei Politikern anfragen, sähen die Rechtsvorschriften nicht vor, sagte uns der Göttinger Oberstaatsanwalt Frank-Martin Laue. Ihm zufolge müssen Fahnder zuerst Tatvorwürfe und Beschuldigte ermittelt haben, bevor sie die Geschädigten um deren Strafanträge bitten. Er hatte nicht einmal ausgeschlossen, dass sich Ermittler selbst strafbar machen könnten, wenn sie Verleumdungs- oder Beleidigungsdelikte unverfolgt ließen, die absehbar unkooperative Abgeordnete beträfen. Womöglich könne das als Strafvereitelung im Amt gelten.

All das, nur kürzer, schreibe ich dem Pressestab des Bundestagspräsidiums. Denn all das würden sich vermutlich auch Zuschauer fragen, argumentiere ich und bitte um ein Interview.

Bald darauf erreicht mich die Absage. Erst als ich noch einmal darlege, dass nach dem Beispielfall aus Rheinland-Pfalz ohne Schäubles Statement im Film wichtige Fragen offenbleiben würden, sagt sein Presseteam zu, sich wenigstens um eine schriftliche Antwort zu bemühen.

»Ich habe für mich entschieden, persönliche Beleidigungen grundsätzlich nicht an mich heranzulassen«, lese ich später in der Mail als Zitat des 78-jährigen Politikers. »Ich folge hier der Devise von Theodor Heuss: Nicht einmal ignorieren.«

Was den eigenen Umgang mit dem neuen Gesetz angeht, bleibt der Bundestagspräsident vage. »Bei Beleidigungen, die auf mein Amt oder das Verfassungsorgan Deutscher Bundestag zielen, entscheide ich im Einzelfall darüber, Strafantrag zu stellen«, zitiert ihn die Mail weiter. »Wenn die Strafverfolgungsbehörde wegen eines besonderen öffentlichen Interesses an der Strafverfolgung ein Einschreiten von Amts wegen für geboten hält, würde ich allerdings der Verfolgung nicht widersprechen.«

Für die Strafverfolger im Mainzer LKA, die einen belastbaren Strafantrag brauchen, klingt das eher launig. Dennoch leite ich die Antwort an den Generalstaatsanwalt in Koblenz weiter.

Er freue sich, schreibt er zurück, auf ein Gespräch darüber.

Eingaben in Sütterlin

Über der Rheinuferstraße, auf der mein Team und ich uns der Stadt nähern, wechseln sich Wald und Weinberge ab mit stolzen Burgen. Zuletzt war ich hier per Ausflugsschiff unterwegs, auf Deutschlandreise zum Tag der Einheit, entlang klassischer Touristenrouten, mit einer Japanerin als Gast. Nun sind hier nur Lastkähne unterwegs. Die Pandemie bestimmt noch immer den Alltag.

Die Radiokollegen des Südwestrundfunks machen die Nachrichten jedoch mit einer anderen Meldung auf. Die Gemeinde Idar-Oberstein, knapp zwei Autostunden von Koblenz entfernt, trauert in einer Gedenkstunde um den erschossenen Studenten, der seine Mitbürger hatte schützen wollen.

Auch dazu habe ich mir Fragen aufgeschrieben, die sich an den Generalstaatsanwalt richten.

Im entkernten Innenhof zwischen Kulturmuseum und Schlossgarten finden wir den Neubau, in dessen Obergeschoss der erfahrene Chefermittler bald sein letztes Amtsjahr beginnen wird. Einen weiteren »General« im Lande, oder noch kürzer: »GenSta«, wie das Amt intern gern genannt wird, gibt es nur noch in Zweibrücken, nahe der Grenze zum Saarland.

Sicherheitsschleusen und Passwortsperren sorgen dafür, dass niemand unbeaufsichtigt zum Schreibtisch von Jürgen Brauer vordringt. Im Büro mit Fensterreihe und Konferenztisch begrüßt mich ein fast drahtiger Mann. In Dienstjahren maßvoll ergrautes Haar, Charakterfalten, dezent blauer Anzug mit Krawatte und Einstecktuch, sicherer Blick. Man könnte sich ihn auch in einer amerikanischen Anwaltsserie vorstellen.

Spätestens als die Kamera die teils handverschnürten Aktenbündel abschwenkt, die sich vor dem Juristen auftürmen, sodass er dahinter fast verschwindet, wird jedoch klar, dass wir im deutschen Hier und Jetzt sind. Eine jede klappt er auf, liest sie rasch durch, zeichnet mit Stift ab und verschließt sie wieder. Manche Eingaben, die von Bürgern kämen, seien noch in Sütterlin verfasst, meint er. Da ahne er oft schon, was komme.

Was zum Tankstellen-Mord von Idar-Oberstein kommen würde, ahnte er ebenfalls. Fast drei Dutzend Strafverfahren gegen die bisher schlimmsten Online-Claqueure aus dem Bundesland, die in sozialen Netzwerken den Kopfschuss bejubelten, seien in Arbeit, sagt er. Er beaufsichtige die Ermittlungen. Hätte er mehr Personal, wären es vermutlich mehr.

»Alle Verfahren, etwa wegen Verherrlichung von Straftaten, die im Nachgang zur Tat im Netz verübt werden, führen wir hier zentral«, sagt Brauer. »Die muss auch niemand anzeigen. Das sind Straftaten, die wir von Amts wegen verfolgen. Das LKA ist dabei, die entsprechenden Netzwerke und Seiten zu beobachten. Die sind alle auf unserem Schirm.«

Ob auch der Tatverdächtige unter dem Radar der Behörden war, ob er gar in den bunten Aktivisten- und Mitläufer-Grafiken der V-Leute erfasst war, die wir filmten, weiß Brauer nicht. »Wenn ja, hätte ich wohl davon erfahren«, deutet er an. »Es ist aber ein Irrglaube, anzunehmen, ein Verfassungsschutz irgendeines Landes könne alles auf dem Schirm haben. Um das anzunehmen, müssten wir alle beim Verfassungsschutz arbeiten oder wir hätten ein Ministerium für Staatssicherheit oder so etwas in der Art. Und das will niemand.«

Tatgeneigtheit, Tatvollendung

»Nach dem Tod Walter Lübckes hieß es, das dürfe nie wieder geschehen«, werfe ich ein. »Davor gab es Anschläge auf Migranten oder Synagogen. Nun starb ein Student. Sehen Sie schon die Gefahr, dass man sich an solche Morde gewöhnt, auch wenn man es nie sollte?«

»Wenn wir unsere Statistiken anschauen, haben wir keinen Anstieg von Tötungsdelikten festzustellen, sondern eher einen Rückgang«, antwortet Brauer. »Aber das hier sind natürlich aufsehenerregende Fälle. Wir hatten kurz vor Weihnachten eine Amokfahrt durch die Trierer Innenstadt, mit fünf Toten und vielen, vielen Verletzten. Das bleiben in der Tat Dinge, an die man sich nie gewöhnen darf.«

Dennoch würden sie wieder vorkommen. Auch da dürfe man sich keinen Illusionen hingeben. »Es werden sicherlich weitere Menschen, aus welchen Gründen auch immer, Opfer schlimmer Straftaten werden, in aller Öffentlichkeit und ohne für uns nachvollziehbare Motive.«

Ob denn auch er einen Zusammenhang sehe zwischen einer radikalisierten Sprache im Netz, einer damit einhergehenden Verrohung und entsprechenden Taten, frage ich.

»Ich erlaube mir da kein Urteil, dafür fehlt mir der psychologische Sachverstand«, erwidert er. »Das wird zwar gemeinhin gesagt, dass das mit Worten anfängt und letztlich in Taten umschlägt. Aber ob es so zutrifft, weiß ich nicht. Was es aber Tätern womöglich einfacher macht, ist ihr Empfinden, dass sie sich mit ihren Ansichten nicht mehr allein fühlen.«

Früher hätten sich Menschen in Vereinen oder Cliquen austauschen müssen, um Bestätigung zu finden. Heute komme als Clique nahezu die ganze Welt infrage.

»Das macht aus meiner Sicht schon einen Unterschied«, sagt der Strafverfolger. »Dass sich ein Täter oder jemand, der auf dem Weg ist, einer zu werden, sich genau darin bestätigt fühlt: Ich bin ja nicht alleine, diese Auffassung wird ja von vielen geteilt. Das kann möglicherweise einen Tatentschluss hervorrufen oder den Ausschlag geben, um, wie wir es nennen, von einer Tatgeneigtheit zu einer Tatvollendung zu führen.«

Den Strafverfolgern vorzuwerfen, sie seien nicht aufmerksam genug, wie es später mit einiger Aufmerksamkeit das ZDF-Team um Jan Böhmermann tun wird, findet Brauer billig, solange man ihnen das nötige Personal vorenthalte und Instrumente wie die Vorratsdatenspeicherung.

»Manchmal habe ich ja selbst schon den Eindruck«, sagt er fast mürrisch, »wir kriegen lediglich die etwas Dümmeren. Wer alles geschickt anstellt, den werden wir kaum erwischen. Die Jubler etwa, die wir jetzt im Blick haben, waren die mit offenem Visier. Hätten sie das Gleiche als Mickey Mouse oder Donald Duck gepostet und das von irgendeinem Hotspot oder einem öffentlichen WLAN aus getan, hätte ich schon Bedenken, ob wir sie noch ermitteln könnten.«

Bei dem Generalstaatsanwalt haben sich viele Erfahrungen angesammelt, gute wie deprimierende. Mal verweist er darauf, dass in Koblenz auch bundesweite Verfahren zusammenliefen, auch in der »Querdenker«-Szene und unter jenen, die sich zuletzt anschickten, den Reichstag zu erstürmen. »Wir sind sehr streng und nicht nachgiebig«, sagt er dann. Auch bringe man deutlich mehr Fälle zur Anklage als noch vor fünf oder zehn Jahren. Bis dahin habe die Justiz das öffentliche Interesse an vergleichbaren Verfahren oft gar nicht anerkannt und Betroffenen stattdessen zu Privatklagen geraten.

Doch schon im nächsten Satz wirkt er im Vergleich zu den Strafverfolgern in Dresden und Göttingen fast wieder entmutigt. Dass im Netz weit mehr als die drei Dutzend Jubelkommentare zu Idar-Oberstein aufpoppten, wisse auch er. »Aber wenn Sie in einer Familie mit fünf Personen ermitteln, die sich einen Anschluss teilt«, winkt er dann ab, »da nützt es Ihnen nichts mehr, wenn Sie den Anschluss herausgefunden haben. Weil Sie nicht belegen können, wer in der Familie oder der Wohngemeinschaft den Beitrag verfasst hat.«

Keinen Freispruch riskieren

Als wir auf den Fall des Bundestagspräsidenten kommen, verläuft das Gespräch ähnlich wechselhaft. Ob der Eindruck stimme, frage ich zunächst, dass Brauer den Tatvorwurf der Aufforderung zu einem Attentat zurückhaltender beurteile als das LKA.

»Wir sind davon ausgegangen, dass die Aufforderung noch nicht den Konkretisierungsgrad erreicht hat, der erforderlich ist, um diesen Straftatbestand zu erfüllen«, bestätigt er etwas gewunden. »Deshalb ist insoweit nicht weiter ermittelt worden. Wäre der Straftatbestand erfüllt gewesen, hätten wir auch weiter ermittelt.«

Ich fühle mich an den Gerichtsdirektor in Bersenbrück erinnert, der selbst den Täter-Satz »Dem eine Kugel ins Hirn« für zulässig hielt, weil darin der »appellative Charakter« fehle. Aber das war ein Richter. Brauer ist Ankläger.

»Wenn jemand über einen Menschen, der bereits ein Attentat erlitten hat, öffentlich schreibt: ›Der nächste Anschlag auf sein kümmerliches Leben sollte besser durchgeführt werden!‹, was fehlt Ihnen da an Konkretisierung?«, frage ich.

»Es fehlt eine Konkretisierung nach Art, nach Ort, nach Zeit«, antwortet auch er nun wie jener Richter. »Es ist einfach zu unkonkret, um den Tatbestand des öffentlichen Aufforderns zur Begehung einer Straftat zu erfüllen«, insistiert er.

»Wir hatten den Mord an Lübcke, wir haben die Tat von Idar-Oberstein«, versuche ich es noch mal. »Wir hören in Wahlkämpfen, vielleicht auch in der heutigen Trauerfeier, dass sich Hetzer nicht länger so sicher fühlen dürften. Sind Sie sicher, dass so viel Vorsicht eines Anklägers noch angebracht ist?«

»Wir dürfen Anklagen nur dann erheben, wenn eine Verurteilungswahrscheinlichkeit gegeben ist«, belehrt er mich. »Und diese haben wir in diesem Fall nicht angenommen.«

Auch der Stoßrichtung der Göttinger Kollegen, die bewusst offensiver anklagten, um so auf die Rechtsprechung einzuwirken, vermöge er nicht zu folgen.

»Noch mal: Wir sind an Recht und Gesetz gebunden«, wird er deutlich. »Wir dürfen niemanden vor Gericht zerren, der Öffentlichkeit preisgeben, wir dürfen ihn nicht mit Maßnahmen überziehen, die sich am Ende als nicht gerechtfertigt herausstellen. Das geht einfach nicht. Eine Durchsuchung etwa ist ein belastender Eingriff. Der darf nur erfolgen, wenn ein Anfangsverdacht und auch eine Verurteilungswahrscheinlichkeit bestehen.«

Erst später wird klar, dass der Mann weit davon entfernt ist, Täter zu schonen. Was er sich und der Staatsanwaltschaft nur ersparen will, ist die Schmach vor noch zurückhaltenderen Amtsrichtern und vor Beschuldigten, die in Siegerposen die Verhandlung verlassen.

»Wir sind schon deshalb in der Tat etwas vorsichtig«, sagt er offen, »weil aus unserer Sicht das Schlimmste ist, wenn in so einem Fall ein Freispruch herauskommt. Denn das ist dann erst recht der Freibrief für den Beschuldigten. Und das wird dann von ihm kommuniziert und es wird kolportiert und es wird im Netz verbreitet, dann auch für alle möglichen Nachahmer. Die dann natürlich noch weiter diese Grenze ausreizen und sagen: Da ist aber doch ein Freispruch erfolgt. Deshalb wollen wir niemandem vor Gericht ein Forum bieten und dazu auch noch einen Freispruch riskieren.«

Dann erzählt er von der Gemeinde Kandel in Rheinland-Pfalz, wo eine Juristin von einem rechten Aktivisten offen mit dem Ausspruch bedroht worden sei, er könne sich ja mit ihr mal auf der Terrasse verabreden, mit eindeutigem Bezug zum Mord an Walter Lübcke vor dessen Privathaus. »Das Verfahren, das wir daraufhin eingeleitet haben, hatte vor Gericht keine Chance«, winkt Brauer ab. »Auch nicht nach unserer Beschwerde.«

Korrektur angemahnt

Im Falle Schäuble wäre ja immerhin noch die Beleidigungsklage geblieben, merke ich an. Und lese dem Generalstaatsanwalt die Antwort des Bundestagspräsidenten vor, die er uns zusenden ließ. Doch die reicht Brauer nicht.

»Bei obersten Verfassungsorganen wie Regierung, Abgeordnete, Bundespräsident, Bundestagspräsident oder Bundesratspräsident brauchen wir eine Ermächtigung der jeweiligen Institution«, sagt er. »Diese Ermächtigung müssen wir einholen. Und die ist in diesem Fall eben nicht erteilt worden.«

Erst danach präsentiert er einen weiteren Grund, weshalb er das Verfahren einstellte. In dem Fall habe es sich ergeben, dass der Tatverdächtige in anderer Sache zu einer mehrjährigen Haftstrafe verurteilt worden sei, die er inzwischen auch angetreten habe. Fünf Jahre wegen Drogendelikten, erfahre ich auf Nachfrage. »Wenn wir mehrere Tatvorwürfe haben und einer davon bereits eine massive Strafe ausgelöst hat«, sagt Brauer, »müssen wir minderschwere Delikte nicht weiterverfolgen. Unsere Strafprozessordnung sieht das so vor.« Dabei scheint er durchaus erleichtert, dass er nicht mehr auf den Strafantrag aus Berlin angewiesen war, um den Täter einer Strafe zuzuführen.

Bleibt eine Nachfrage zum Umgang der Parlamentarier mit ihrem neuen Gesetz. »Ist das glaubwürdige Politik«, möchte ich von ihm wissen, »wenn Abgeordnete zuerst die effizientere Strafverfolgung von Hetze im Netz für dringlich erklären, dann aber sagen, sobald sie selbst die Betroffenen sind: ›Na ja, für mich müsst ihr das aber jetzt nicht anwenden‹?«

Brauers Antwort gerät deutlich. Er mahnt Berlin zur Korrektur des Gesetzes. »Also wir würden uns wünschen, dass die Ermächtigungen in jedem Fall erteilt würden«, sagt er. »Egal, ob es um die Institution oder das Amt geht oder darum, dass ein Abgeordneter persönlich angegriffen wird.«

Die Staatsanwaltschaften, sagt er voraus, stellten sich ohnehin auf eine ansteigende Zahl von Verfahren ein, sobald das Gesetz die Netzwerk- und Plattformbetreiber zur Meldung strafwürdiger Beiträge verpflichte. »Die große Frage wird dann sein: Welche Massen kommen da wohl auf uns zu?«, glaubt er. »Wir sind zwar weithin vorbereitet, aber ob wir das dann wirklich bewältigt bekommen, das steht noch in den Sternen.«

Pure Menschenverachtung

Monate später werde ich den Generalstaatsanwalt freilich entschlossener erleben denn je. Als im rheinland-pfälzischen Landkreis Kusel im Januar 2022 eine junge Polizeianwärterin und ein 29-jähriger Beamter bei einer nächtlichen Verkehrskontrolle erschossen werden, um Wilderei zu vertuschen, verfolge auch ich, wie Brauer im Fernsehen die jubelnden Netzkommentare dazu beklagt. Binnen einer Woche habe eine eigens eingesetzte Ermittlergruppe Hunderte Verdachtsfälle ermittelt, die nun in mögliche Strafverfahren mündeten.

»Wie diese Taten regelrecht gefeiert werden«, so Brauer an der Seite des Innenministers, »das ist pure Menschenverachtung.« In einem Fall habe ein Nutzer offen dazu aufgerufen, weitere Beamte auf Feldwege zu locken und zu erschießen. Ein anderer habe sich gefreut, dass nun »zwei Polizisten weniger« gegen »friedliche Spaziergänger« einschreiten könnten.

Dann weist Brauer darauf hin, dass er »auch Likes« schon als zustimmende Kommentare ansehen werde. Einerlei, ob sie nun auf Twitter, Facebook oder Instagram verbreitet würden, oder auf Youtube, Tiktok oder Telegram.

Im März kommt auf die Strafverfolger ein weiteres Kurzsymbol hinzu, dessen Verwendung Tatbestände erfüllt. Das öffentliche Verbreiten des Buchstabens »Z«, mit dem Moskaus Kriegsregime seinen Eroberungsfeldzug in der Ukraine markiert, werten Staatsanwaltschaften bundesweit als strafbare Billigung eines völkerrechtswidrigen Angriffskrieges gemäß Paragraf 13 des Völkerstrafgesetzbuches. Da haben in deutschen Städten gerade die ersten prorussischen Kundgebungen für Aufsehen gesorgt.

13

Nette Nazis von nebenan?
Zaungast in Celle

Es war am 22. April 1945, als der britische *Observer* eine Reportage seines Kriegskorrespondenten druckte, der an der Seite der Alliierten von Westen her in Deutschland vorrückte. Darin wunderte er sich jenseits der zerbombten Großstädte über so idyllische wie friedfertige Landstriche, mit intakten gewundenen Landstraßen, Obstwiesen und Dorfkirchen, als wäre dieses Volk nie in einen Krieg gezogen. »Wie sehr haben diese einfachen und braven Leute, die Sonntag für Sonntag gut angezogen zum Gottesdienst strömen«, sinnierte er, »den Horror der Nationalsozialisten mitzuverantworten?« Der Reporter, der später mit bedrückenden Zukunftsromanen zu Weltruhm gelangte, hieß George Orwell. Der Krieg endete, die Frage blieb.

Seither wuchsen Generationen wie meine mit der Selbstverpflichtung auf, den Anfängen zu wehren. Orwells *1984* war Pflichtlektüre in der Schule. Seine und auch Ernest Hemingways frühe Zeitungsreportagen indes blieben mir ein journalistischer Maßstab bis heute.

Zugleich lernten wir, nicht vorschnell Parallelen zu ziehen, nur um moralischer argumentieren zu können. Was aber nutzt die Warnung vor Anfängen, wenn man erst sicher weiß, dass sie angebracht war, nachdem es zu spät ist? Oder anders gefragt: Wen darf man, ja muss man auch heute Nazi nennen? Und wem täte man damit Unrecht?

Wenige Monate bevor uns selbst Orwells finsterste Vorhersagen im Gebaren des Kriegsherrn Wladimir Putin wieder einholen werden, gehen mir diese Fragen durch den Kopf, als ich auf meinem Handy die öffentlichen Facebook-Einträge des Beschuldigten Helmut D. aus dem Landkreis Celle durchstreife.

Schon mehrfach sind wir auf der Strecke zwischen Hamburg und Göttingen an seinem Wohnhaus vorbeigefahren, in der Hoffnung, er wäre ansprechbar im Garten und anzutreffen. Weil der Tag frühlingshaft warm ist und neben dem geöffneten Hundezwinger nunmehr benutztes Gartengerät liegt, sind wir guter Dinge, ihn heute vorzufinden. Womöglich geht er gerade eine Morgenrunde mit dem Hund. Auch wenn er sich dann entschiede, mir nicht zu antworten, hätten wir zumindest diese eine Szene im Bild, ohne unerlaubt das Grundstück zu betreten. Alle Details, die auf seine Identität hinweisen könnten, ließen sich danach verfremden.

Falsche Flagge

Auf einem Parkplatz in der Nähe, wo Ausflügler ihre Blicke eher auf einen Schornstein mit einem im Nest stehenden Storchenpaar richten, versuche ich anhand der Online-Beiträge zu deuten, was D. etwa dazu getrieben hat, mit anderen Nutzern über deren Hassobjekt Walter Lübcke herzuziehen.

»Aufhängen den Drecksack!«, hatte er unter anderem gepostet. Die Göttinger Staatsanwaltschaft schickte dem 64-Jährigen dafür einen Strafbefehl über 1680 Euro wegen öffentlicher Aufforderung zu einer Straftat, 60 Tagessätze, bewilligt vom Amtsgericht Celle, Aktenzeichen 800 Js 10425/20. Bald darauf kam der nächste Amtsbrief, diesmal waren es 840 Euro wegen Beleidigung.

Davor hatte D. ein Foto der Bundestagsvizepräsidentin Claudia Roth, das von Grünen-Hassern geteilt wurde, mit der Zeile »Pfui, was für ein hässliches Warzenschwein« versehen. Gleiches Amtsgericht, ähnliches Aktenzeichen, 801 Js 32114/20. 30 Tagessätze.

Da Facebook diesen Eintrag noch immer in D.s Profil anzeigt, nehme ich mir vor, ihn zu fragen, warum er ihn nicht selbst gelöscht hat. Andere Beiträge, auch der zu Lübcke, wurden offensichtlich vom Plattformbetreiber entfernt. »Der Inhalt ist derzeit nicht verfügbar«, erläutert Facebook dann an der Stelle.

Doch auf der Seite fällt noch mehr auf. Zwar sind da zwischen Urlaubs- und Tierfotos auch die erwarteten Einträge rechter Gruppen wie »Wir sind das Volk« oder »Europäischer Widerstand Online« zu finden, die gegen Ausländer hetzen und Ungarns Staatschef Victor Orban für dessen Parole preisen, dass die Menschenrechte nirgendwo »nationalen Selbstmord« durch Flüchtlingsaufnahme vorschrieben.

Dazwischen erscheinen aber auch Nachrichtenquellen, die durchaus seriös anmuten. Zumindest, solange man nicht näher hinschaut. Beispielsweise lobt D. den Eintrag einer vermeintlichen »BERLINERTAGESZEITUNG.DE«, die freilich nichts mit den Blättern der *Berliner Zeitung* oder der *taz* zu tun hat. Als ich mich bis zu den Pflichtangaben im Impressum durchklicke, stoße ich stattdessen auf Links und Mailadressen, die nach Bulgarien und Russland führen, sowie auf den erläuternden Hinweis, dass das angebliche Blatt »ausschließlich außerhalb der Europäischen Union Freelancer-Redakteure« beschäftige, da einheimische Medien den hiesigen »Machthabern« nur »nach dem Munde reden«.

Eine großbuchstabige Meldung gefiel offenbar auch D. so sehr, dass er sie teilte. »Milliarden für Flüchtlinge«, steht da, »aber das deutsche Volk verarmt«. Darunter lobt ein pseudonachrichtlicher Text dann Ungarn und Polen dafür, dass sie »die Aufnahme von Asylanten ablehnen«.

Als mir D.s nächster Eintrag »Informationen« darüber verspricht, wie »Putin über Deutschlands Vergewaltiger-Flüchtlinge« denkt, habe ich genug gesehen. Die Störche sind inzwischen weggeflogen.

Mit etwas flauem Magen nähere ich mich mit meinem Kamerateam D.s Grundstück. Vielleicht ist er ja nun wieder im Garten zugange. Derweil rechne ich damit, dass er mich entweder wie der Vielschreiber in Sachsen ignorieren wird oder dass er uns als Vertreter der Mainstream-Medien beschimpfen wird. Und damit, dass sich schlimmstenfalls gleich sein Hund um uns kümmert.

Aus einer Laune

»Herr D.?«, rufe ich über das weiße Gartentor und komme gleich zur Frage. »Scherer, NDR, ich grüße Sie, wir wüssten gerne, warum Sie Ihren Facebook-Post mit dem Warzenschwein nicht gelöscht haben? Wir machen einen Film über solche Fälle.«

D. schaut auf und tritt gleich zu uns heran. Er trägt ein kariertes Hemd offen über dem T-Shirt, ist etwa so groß wie ich, sein Blick gerade, sogar freundlich. Den stattlichen Hund, dessen Sprung an die Zaunkante mich zwischenzeitlich wieder einen Schritt zurückgedrängt hatte, pfeift er zurück.

»Woher wissen Sie das denn?«, fragt er mehr interessiert als vorwurfsvoll.

»Na, Sie haben öffentlich gepostet.«

»Ich wurde auch schon verurteilt«, erwidert er und blickt auf den Kameramann neben mir. »Nehmen Sie das auf?«

»Ja«, sage ich. »Aber wenn Sie nicht wollen, hören wir auf. Mir ist es gleich.«

»Och«, winkt er daraufhin ab, »ich hab ja nichts zu verbergen.«

Ich zeige ihm auf meinem Handy über den Zaun hinweg das Foto von Claudia Roth mit seinem Facebook-Kommentar. »Hat Ihnen denn niemand gesagt, dass Sie das löschen müssen?«

»Nee.«

»Ehrlich nicht?«

»Nee. Ich denk, das wurde von der Staatsanwaltschaft gelöscht.«

Mein Eindruck wächst, dass der Mann umgänglicher ist als befürchtet. Kein militanter Griesgram jedenfalls. Womöglich sogar ein netter Nachbar, mit dem man gelegentlich gern um den Grill sitzt. Die Gartengrundstücke hier am Dorfrand sind großzügig parzelliert. Samstags Rasenmähen, den Gehweg kehren, einmal im Jahr die Hecke schneiden. All das ist mir nicht fremd. So bin ich auch selbst aufgewachsen.

»Nein, das Foto und Ihr Kommentar sind auf Ihrer Seite weiter zu sehen. Wir können Ihnen gerne helfen, es zu löschen«, schlage ich ihm vor. »Das war ja teuer genug.«

»Das kann man wohl sagen, ja«, lacht er nun, während ihm ein leichter Wind durch die Locken weht. Tatsächlich sind seine Einträge in dem Netzwerk seit seinem Verfahren seltener geworden. Womöglich weiß er gar nicht, denke ich kurz, wie man Einträge rückgängig macht.

»Sie sind ja der Seiteninhaber. Wenn jeder andere das löschen könnte, könnte man auf Facebook ja alle Posts löschen, die einem nicht gefallen«, sage ich. »Aber Facebook selbst kann es natürlich sperren.«

Zweifelnd schaut D. auf mein Handy-Display. »Das ist doch schon lange her«, sagt er nachdenklich. »2015 war das.«

»Nein, 2018«, antworte ich ihm. »2015 war der andere Eintrag. Der über Walter Lübcke: ›Hängt ihn auf, den Drecksack!‹ Der ist nicht mehr aufgeführt. Und später haben Sie …«

»… Aaach, das war das mit der Grünen!«, lacht er nun wieder auf und erinnert sich an beide Verfahren.

»Die hat dann Strafantrag gestellt«, sage ich.

»Ich weiß«, sagt er. »Auch den hab ich ja bezahlt.«

»Sollen wir es also löschen?

»Nee. Lass doch drin«, antwortet er noch immer erheitert. »Ich wurde doch schon bestraft. Wenn die das nicht löschen oder mir noch nicht mal sagen, dass ich das tun soll. Das von dem Lübcke wurde ja auch automatisch gelöscht, denk ich mal.«

»Sie können es sich ja noch mal überlegen«, erwidere ich und komme auf den früheren Eintrag, der ihm die höhere Strafe eingebracht hat.

»Walter Lübcke ist ja tatsächlich erschossen worden«, sage ich.

D. nickt. »Ja, ich weiß«, antwortet er.

»Wie sehen Sie das heute?«, frage ich. »Würden Sie das noch mal so posten?

»Nein, nein«, sagt er ruhig. »Nein, nein.« Das sei ihm damals »aus einer Laune heraus« passiert. »Damals war ja auch diese Flüchtlingsgeschichte, da wurde ja so viel gepostet im Internet. Und da hab ich wohl …, na ja, das tut mir auf jeden Fall leid. Gewalt ist nicht Sinn der Sache. Man muss zwar schon sagen dürfen, was man denkt. Aber das war ein bisschen zu viel.«

»Als die Nachrichten später meldeten, dass Walter Lübcke erschossen wurde, dass er also tatsächlich tot war, wie haben

Sie das aufgenommen?«, frage ich D. »Haben Sie das noch in Verbindung gebracht mit Ihrem eigenen Post?«

»Nee, nee«, antwortet er mir. »Ich hab da gar nicht mehr dran gedacht, dass ich da mal was geschrieben hatte. Erst als ich den Durchsuchungsbeschluss gelesen hab von der Staatsanwaltschaft, wusste ich wieder: Aah, da war mal was! Ich hab's dann als Eintrag auch gar nicht mehr gefunden.«

Smiley oder Fratze

Ich erwähne das Gesetz gegen Hetze im Netz, das Anlass für unseren Film sei. Auch seine Strafbefehle seien ja eine Folge aufmerksamerer Fahndungen gewesen. Auf den Post zu Lübcke sei das Bundeskriminalamt erst gestoßen, als es nach dessen Ermordung rückwirkend nach auffordernden Internet-Beiträgen gesucht habe. Den beleidigenden Kommentar über die Politikerin Roth hätte das BKA dann beim weiteren Sichten der beschlagnahmten Datenträger gefunden.

»Wie war das eigentlich«, frage ich, »als die Polizei hier zur Hausdurchsuchung anrückte? Frühmorgens wahrscheinlich, oder?«

»Das war im Frühjahr, ja, um kurz nach sieben«, erzählt er und zeigt auf den Hund. »Ich geh immer um halb sieben mit ihm raus. Das waren ja fünf, sechs Leute. Und dann hat der Erste gesagt, ich hätte 2015 irgendwas gepostet. Und ich hab gesagt: Was hab ich? Und hab dann erst mal durchgelesen, was da im Durchsuchungsbefehl stand. Ja, okay, sagte ich ihm dann und hatte auch noch im Kopf: Ja, so einen Spruch hast du mal gemacht. War nicht gut, okay. Ist gelaufen, das Ding.«

Er habe dann noch überlegt, ob er sich beschweren solle, weil nicht alle Beamten Masken getragen hätten, aber dann die Schreiberei gescheut, die das erfordert hätte. »Jedenfalls habe ich sie dann alle reingelassen, und dann haben sie mir die ganze Hütte auf den Kopf gestellt. Sogar im Schlafzimmer. Die waren ja überall.«

Was sie alles mitgenommen hätten, frage ich weiter.

»Drei iPads«, zählt er auf, »drei Smartphones, drei oder vier Computer, Laptop. Hab ich dann alles nach sechs Wochen wieder gekriegt.«

Später sei dann der zweite Strafbefehl gekommen, bestätigt er. »Da rief mich die Kripo an: ›Ja, wir haben noch was gefunden.‹ Ich frage: ›Ja, was habt ihr denn noch gefunden?‹ Das war dann das mit der Grünen. Gut, da war ich auch überrascht. Aber ich hab noch gewusst, dass ich das gepostet hatte. Ich hab nichts abgestritten. Würde ich auch nicht mehr machen. Ist beleidigend, okay, sehe ich alles ein.«

»Was hat Ihnen Ihr Anwalt geraten? Eine Gerichtsverhandlung wollten Sie ja offenbar beide nicht.«

»Nee, wollt ich nicht unbedingt«, antwortet er. »Ich sagte: Pass mal auf, wir sollten das Beste daraus machen.« Immerhin habe der Anwalt dann noch die Höhe der Tagessätze gedrückt. Tatsächlich hielt der Strafbefehl am Ende 26 Euro fest, da D. nicht mehr arbeitet und Rente bezieht.

»Wenn heute solche Äußerungen in sozialen Netzwerken genauso verfolgt werden, als hätte man sie auf dem Celler Marktplatz verbreitet«, komme ich zum Ende, »hat das Ihr Verhalten verändert?«

»Ja«, sagt er. »Ich bin zwar noch bei Facebook drin, aber ich poste nichts mehr. Ich denke mir meinen Teil und mache vielleicht mal 'n Smiley hin, oder so 'ne Fratze, aber mehr nicht. Ich würde das auch jedem anderen raten. Man kann ruhig mal was sagen, aber man muss sich schon überlegen, was man in der Öffentlichkeit schreibt. Die haben sogar gedroht, mit Knast und so. Aber na gut, wir sind da noch mal mit einem blauen Auge davongekommen. Die ganze Sache mit Anwalt hat mich mehr als viertausend Euro gekostet. Und so reich bin ich nicht.«

Wieder legt er sein lockeres Lachen auf, als wir uns verabschieden. Nahe der Haustür hat sich inzwischen auch eine Frau in Hörweite zu uns gesellt. Der Hund liegt längst friedlich am Boden.

»Meine Lebensgefährtin«, stellt D. sie uns noch eben vor und wendet ihr den Blick zu. »Sie hat mir auch gesagt: Halt die Schnauze, und wenn's noch so weh tut! Wenn ich heute etwas lese, das mir mich passt, muss ich mich eben zusammenreißen. Von mir werden die sicherlich nichts mehr in der Art hören.«

Alles gut?

Was war das jetzt? Die Frage stelle ich mir auch noch, als ich das Drehmaterial sichte. Gesetz wirkt, Täter reumütig, alles gut also? Oder sorgt nur die Strafandrohung nunmehr für eine folgenlose Faust in der Tasche, solange zudem eine besonnene Frau darüber wacht? Und selbst wenn es so ist: Gilt das nicht für das Strafrecht schlechthin? Dass sein Erfolg eher darin besteht, diejenigen von Fehlern abzuschrecken, deren Moralempfinden es alleine nicht schafft?

Natürlich ist D. kein Nazi, um auf die orwellsche Frage zurückzukommen. Aber im Heer der Mitläufer hätte auch er sich womöglich eingereiht. Wer tat es damals nicht? Auch kam mir D. in keinem Moment des Gesprächs wie ein von Hass zerfressener Hetzer vor. Und nichts von dem ist passiert, was ich mir auf dem Weg zu ihm ausgemalt hatte.

Dennoch hat er zwei Straftaten verübt. Beide betrachtete er rückblickend als Fehler. Eine davon freilich noch immer eher erheitert, als ginge es nur um ein Kavaliersdelikt.

Um zu erfahren, wie sich das für eine Betroffene anfühlt, zumal wenn es in ihrem Alltag nicht bei Beleidigungen bleibt, löse ich das nächste Bahnticket für Augsburg. Dort liegt der Heimatwahlkreis von Claudia Roth.

14

Ignorieren war gestern
Die Hinrichtungen der Claudia Roth

Die Abgeordnete Roth zwängte den Termin in ihr Wochenende im Basisbüro. Es ist der Sommer vor der Bundestagswahl. Ihr Amt als Vizepräsidentin des Bundestages wird die Grüne danach nicht mehr ausüben. In der Ampelkoalition übernimmt sie stattdessen das Amt der Staatsministerin für Kultur und Medien.

Als wir im Besucherbüro die beiden Kameras aufbauen, steht das alles noch nicht fest. Allein dass Claudia Roth weiter auf Listenplatz eins der Grünen im Wahlkreis Augsburg-Stadt steht, ist damals sicher. Als sie durch die Tür kommt, im knallroten Strickkleid, erzählt sie schon, wie sehr sie das freue.

Die Bundestagsabgeordnete erreichen auch weniger aufbauende Nachrichten. Sie ist streitbar, gilt manchen als schrill, nicht nur wegen ihrer Vorliebe zu auffallenden Haar- und Kleiderfarben. Wie sie von Hassnachrichten erfahre, möchte ich wissen.

»Die kommen per E-Mail«, sagt sie. »Oder auch per Facebook. Gerade in den sozialen Netzen geht's natürlich richtig ab.« In den vergangenen Jahren seien aber auch konventionelle Briefe in der Post gewesen, deren Schreiber ausfällig wurden. Die sozialen Medien hätten das wohl umso mehr verstärkt, seit sie den Postverkehr verdrängt hätten.

»Zudem gehen Telefonate ein, sei es an mein Büro im Bundestag oder auch an das Regionalbüro hier im Wahlkreis«, sagt sie. »Sobald nur irgendetwas vorgefallen ist, an dem wieder mal die rechtsextreme oder die rassistische Seele hochkocht, werden hier auch systematisch übers Telefon die Mitarbeiterinnen und Mitarbeiter beschimpft.«

In den zurückliegenden Jahren habe das alles deutlich zugenommen. »Der Turbo«, wie sie sagt, habe im Jahr 2015 eingesetzt, mit dem Entstehen der rechtsextremen Pegida-Ansammlungen in Dresden. Deren schon damals vorbestrafter Gründer Lutz Bachmann, der später auch wegen Volksverhetzung verurteilt wurde, habe als einer der ersten verbreitet, dass man »dieses Ökopack vernichten« müsse.

»Und die Erste, hieß es da, die standrechtlich erschossen werden sollte, ist Claudia Roth«, sagt sie. »Das ging dann so richtig ab. Dann kam die Flüchtlingstragödie, wo das alles dann sowieso Thema wurde. Und mit dem Einzug der AfD in den Bundestag und der sehr häufigen Konfrontation ging es dann weiter«, blickt sie zurück.

Sie erlebe oft aus erster Hand, dass in der AfD-Fraktion im Parlament die Stichwortgeber säßen. »Erst kommt dann das Sagbare, und draußen in der Welt der Trolle und der Hasser wird es zum Machbaren.«

Konjunktivisch getötet

Wir haben für das Interview deshalb eine zweite Kamera eingepackt, um während des Gesprächs eine davon auf das Tablet zu richten, das ich in Händen halte. Da uns allein der Celler Fall zu ihr geführt hat, war die Abgeordnete einverstanden, dass ich mein Gespräch mit ihrem Beleidiger mitbrachte. Einen Ausschnitt davon würde sie sich ansehen, hatte mich ihre Pressefrau wissen lassen. Mehr aber bitte nicht.

Als ich ihr den Tablet-Bildschirm zuwende, um die Passage meines Celler Gesprächs einzuspielen, atmet sie einmal durch und fokussiert den Blick. Dann startet der Wortwechsel mit D., als er seinen Facebook-Eintrag »Was für ein hässliches Warzenschwein!« wiedererkannt hat. Vom erheiterten »Aaach, das war das mit der Grünen!« bis zum jovialen »Lass das doch drinstehen, wenn die das nicht löschen, warum ich?«

Die Augen der Politikerin verkleinern sich kurz, dann scheint ihr Blick ungläubig, irgendwann schüttelt sie den Kopf.

»Sollen wir aufhören?«, frage ich und lege das Tablet beiseite, als sie zustimmt.

»Unter deutschen Dächern«, leite ich zu ihr über und warte auf ihre Reaktion.

»Ja«, beginnt sie nach einer Pause, die deutlich macht, dass sie verletzt ist. »Ja, der lacht. Als er sich dran erinnert, fängt er an zu lachen: Ah, guter Witz! Ich meine, das ist doch widerwärtig. Und natürlich weiß er, wenn er mit Posts unterwegs ist, dass das bleibt, wenn er es nicht löscht. Ich meine, da ist doch überhaupt keine Einsicht, dass er vielleicht etwas getan hat, was Unrecht war.«

Einen Moment lang ahmt sie ihn noch nach: »Pfff! Können ja die anderen löschen!« Dann wird sie deutlich. »Also, es tut mir leid, aber da bleibt mir irgendwie mein Herz stehen«, sagt sie. »Dem schenk ich nicht meine Angst, aber dem schenk ich auch nicht die Genugtuung, dass ich ihm sage: ›Oh, supergut, jetzt haben Sie Strafe bezahlt, damit ist alles wieder okay!‹ Aber ich würde mir wünschen, dass so ein Mann kapiert, dass man so nicht mit Menschen umgeht. Und dass so ein Typ kapiert, dass man mit Frauen nicht so umgehen kann.«

»Sie haben für sich irgendwann entschieden, alles was mutmaßlich strafbar ist, an die Staatsanwaltschaft zu geben«, setzte ich unser Gespräch fort. »Wie kam es dazu? Hat sich das so entwickelt oder war das von Beginn an klar?«

»Nein, es war überhaupt nicht klar«, antwortet sie. »Am Anfang habe ich mir gedacht, ich will das jetzt gar nicht überhöhen, ich lass das alles gar nicht an mich heran. Ich komm da eh gar nicht hinterher. Und was ist das dann für ein Aufwand und so weiter. Aber irgendwann sagte ich mir doch: Moment mal!«

Wer sie kenne, wisse, was für eine leidenschaftliche Demokratin, ja Radikaldemokratin sie sei. Meinungsfreiheit sei ein zentrales Gut. Aber irgendwann habe sie eben selber gespürt, dass es Grenzen gebe.

»Die beginnen da, wo versucht wird, Menschen zu bedrohen, ihnen Angst zu machen, sie zum Schweigen zu bringen, zu demütigen, zu verletzen. Und ich dachte mir dann: Meine Güte, wenn schon ich das so empfinde, wie muss es erst anderen gehen, die sich vielleicht nicht in so geschützten Räumen bewegen wie wir als Abgeordnete? Die nicht diese Unterstützung haben?« Und dann habe sie mit Freundinnen und Freunden gesprochen, die juristische Ausbildungen durchlaufen hätten, mit dem Justiziariat im Bundestag, mit der Fraktion und bald auch mit Wolfgang Schäuble, der ja selbst Jurist sei. Die ihr dann alle gesagt hätten, sie solle ab jetzt versuchen, das zur Anzeige zu bringen.

Das habe sich jedoch als gar nicht so leicht herausgestellt, schildert sie. Selbst wenn die Hetze klar erkennbar gewesen sei, fehlte der Justiz meist der sogenannte auffordernde Charakter der Posts, der nötig sei, um ein Verfahren einzuleiten.

»Da waren wirklich viele Fälle«, erzählt sie weiter und malt dabei mit den Fingern mehrmals Anführungszeichen in die Luft, »wo Hetzer und Hasser geschrieben haben: ›Die müsste mit einem Klavierdraht totgeschleift werden‹ oder ›Die sollte totgefickt werden‹ oder ›Die sollte nicht mal wie in Plötzensee hingerichtet werden, sondern noch viel schlimmer‹. Und dann habe ich quasi den Konjunktiv neu kennengelernt.«

Ganz oft sei dann nämlich die gleiche Antwort von Staatsanwaltschaften oder auch von Gerichten gekommen. »Nein, das ist ja nur ein Konjunktiv, es ist ja nicht der Aufruf: Die muss! Und zwar jetzt!«, zitiert sie. »Bis ein Berliner Richter in einem Fall, in dem es darum ging, mich gleich vier Mal auf unterschiedliche Art und Weise quasi konjunktivisch zu töten, gesagt hat: ›Es stimmt, es ist ein Konjunktiv. Aber von Dritten, die das alles mitlesen, die das alles sehen, kann so etwas dennoch als unmittelbare Aufforderung zur Tat verstanden werden.‹ Und der hat den Verfasser dann tatsächlich schuldig gesprochen.«

Die Strafe »für Claudia-Roth-viermal-Hinrichten«, sagt sie, habe dann bei knapp 5000 Euro gelegen. In den Wochen danach habe die Hetze ein wenig nachgelassen. »Seither geht man damit offenbar auch anders um. Denn natürlich ist das eine Aufforderung: Die sollte, die müsste, die könnte doch! Ich hatte das überhaupt nicht verstanden, warum es da so eine Zurückhaltung gab.«

Privilegierte Opfer

Da Claudia Roth erwähnt hat, dass der Umgang mit Hassposts auch im Bundestagspräsidium diskutiert wurde, komme ich auf den zweiten Fall, der uns ins Parlamentspräsidium geführt hat: das Verfahren gegen den Beleidiger Wolfgang Schäubles, das der Koblenzer Generalstaatsanwalt auch deshalb einstellte, weil der Strafantrag des Bundestagspräsidenten fehlte.

»Uns gegenüber haben nun leider die Strafverfolger beklagt, dass sie sich von Politikern mehr Unterstützung erhofft hätten«, sage ich. Manche überlegten schon, ob sie Karteien anlegen sollten. »In der einen ist dann Frau Roth, von der sie immer den nötigen Strafantrag bekommen. Und in der anderen sind all die Abgeordneten, die weiterhin sagen: ›Ach, nee, bei mir brauchen Sie so etwas nicht zu ermitteln, das ignoriere ich.‹ Zu denen zählen die Ermittler auch den Bundestagspräsidenten Schäuble. Waren Sie sich da im Präsidium wirklich so einig?«

Als Beleg lese ich Schäubles Auskunft auf meine Anfrage vor, wonach er für sich beschlossen habe, solche Posts nicht an sich heranzulassen. »Nicht einmal ignorieren«, habe er mir als sein Motto mitgeteilt.

»Diese Auffassung teile ich nicht«, sagt sie. »Wir debattieren natürlich immer wieder: Wie gehst du um mit Rechtsextremen, mit Rassisten, im Bundestag wie außerhalb. Auch da gab und gibt es auch die Auffassung: ›Bloß nicht aufgreifen! Sonst wird das nur noch mehr!‹ Ich glaube, das ist falsch.«

Sie vermute sogar, dass die Hetzer damit eine klare Strategie verfolgten, gegen die sich das Parlament denn auch wehrhaft zeigen müsse. »Und wenn Herr Schäuble zudem beleidigt wird, wenn Herr Schäuble zudem gedemütigt werden soll, weil er im Rollstuhl sitzt, und er sagt ›Ach wegen mir doch nicht‹«, holt sie noch weiter aus, »dann geht es nicht nur um den Strafantrag für die Staatsanwaltschaft, sondern auch um eine Art Schutzschild für all diejenigen im Land, die als Menschen mit Behinderung ähnlich beleidigt und gedemütigt werden.«

Deswegen habe ja auch sie sich irgendwann neu entschieden. Weil sie wisse, dass sie ein privilegiertes Angriffsopfer sei. Wenn sie sich wehre, gebe das auch solchen Menschen Mut, die Hetzer glaubten noch leichter angreifen zu können, aufgrund ihrer Religion oder ihrer Hautfarbe oder ihrer sexuellen Identität.

»Es gibt Rassismus und Gewalt gegen Menschen mit Behinderungen in unserem Land. Das ist so«, sagt sie nüchtern. »Und da ist Herr Schäuble natürlich auch ein Vorbild, wenn er sich gegen so etwas stemmt. Und es hat sich durch das Gesetz ja auch etwas verändert. Es gibt Schwerpunktstaatsanwaltschaften, die da mit einem anderen Blick und einer anderen Sensibilität herangehen. Auch wenn es noch zu wenige sind.«

Kein Grundrecht auf Hetze

Auch sei Schäuble nicht nur ein sehr angesehener deutscher Politiker, sondern vom Rang her die zweithöchste Person im Staat. Sein Amt sei eine demokratische Institution. »Mit ihm wird ja auch die Institution angegriffen«, sagt Roth. »Und das versuchen diese Leute ja bewusst. Ebenso wie sie auch den Bundespräsidenten angreifen.« Auch das sei dann nicht nur die Person Frank-Walter Steinmeier, sondern das Amt. Der Versuch, demokratische Institutionen verächtlich zu machen, sei erkennbar. Und er sei typisch.

Ich frage, was denn sie den Strafverfolgern, Zuschauern und Lesern antworten würde, die sich wunderten, warum Abgeordnete zuerst ein Gesetz gegen Hass verabschiedeten, um dann dennoch in beträchtlicher Anzahl zu sagen: »Also, wenn es mich betrifft, brauchen Sie nicht zu ermitteln.«

»Ich würde jedem und jeder sehr raten, Strafanzeige zu stellen. Damit auch die anderen Staatsanwaltschaften und Gerichte endlich aufwachen«, appelliert sie. »Das soll jetzt kein Bashing sein, aber ich finde schon, dass es da eine extreme Zurückhaltung gab. Der Meinungsfreiheit ist ja nicht damit gedient, wenn auch Hass und Hetze darunter gefasst werden. Das hört nur auf, wenn es eine andere Sensibilität gibt und eine Grenze, ab der klar ist: Hier hört Meinung auf. Ja, die Meinungsfreiheit ist ein riesengroßes Gut, aber das, was hier passiert, ist strafbar! Das kann nicht einfach immer wieder locker hingenommen werden. Und deswegen verstehe ich auch nicht, warum manche Kollegen da so zurückhaltend sind.«

Tatsächlich sei das Gesetz längst überfällig gewesen und im Land zu lange unterschätzt worden, was sich da entwickle. Dazu habe womöglich auch beigetragen, dass es Frauen anders betreffe als Männer.

Bei Übergriffen auf Frauen komme oft noch diese sexualisierte Fantasie dazu, sagt sie. »Bis zu sexualisierten Gewalt- und Mordszenarien, bei denen man sich gar nicht vorstellen kann, was eigentlich in Menschen vorgeht, die solche Fantasien entwickeln. Das bekommen Männer eher nicht ab. Herr Schäuble bekommt möglicherweise ähnlich schlimme Sachen aufgrund seiner Einschränkung. Ein Cem Özdemir bekommt sie als Migrant. Und andere bekommen sie noch, weil sie schwul sind.«

Strafverfolgung sei noch umso dringlicher, solange sich gerade jene, die mit Hetztiraden und Hassreden Menschen bedrohten und verunsicherten, noch dazu auf Meinungsfreiheit beriefen, weil man angeblich nicht mehr sagen dürfe, was man denke.

»Natürlich darf man sagen, was man denkt«, mahnt sie. »Aber Rassismus ist nicht Meinungsfreiheit. Antisemitismus ist nicht Meinungsfreiheit. Und sexualisierte Gewaltfantasien sind es auch nicht.« Es gebe Meinungsfreiheit und das Demonstrationsrecht, es gebe aber auch eine wehrhafte Demokratie. Und es gebe kein Recht darauf, andere Menschen zu bedrohen und Rassismus und Hass und Angst zu verbreiten.

Dann rücken vor der Tür schon die Abgesandten der Augsburger Grünen Jugend an, zu Roths nächster Verabredung. Bestückt mit aufgerollten frischen Wahlplakaten, Holzlatten und Handwerkszeug.

15
Kugel ist Kugel
Finale am Landgericht

»Saal 188? Treppe hoch, erster Stock links«, sagt der Schleusenwärter der Osnabrücker Justiz, »Tasche muss in den Spind.« Ausweiskontrolle. Sicherheitsschleuse. »Zuschauer?«

»Presse«, antworte ich.

»Kein Unterschied«, findet er und reicht mir eine Platzkarte. »Beim Rausgehen dann dort ins Körbchen, nicht vergessen.« Dort meint den gleichen Treppenabsatz gegenüber, nur eben zum Ausgang hinunter. Offenbar kommt es vor, dass Prozessbeteiligten ihre Platzkarte erst zu Hause wieder einfällt.

Vor Saaltür 188 sitzt der Beschuldigte Daniel V., neben ihm eine raumgreifende Begleiterin. Sein Anwalt ist noch auf dem Weg. Noch fünfzehn Minuten bis zur Revisionsverhandlung. »So ruhig könnte es bleiben«, flüstert er der Nebenfrau zu. »Bloß keine Meute.«

Die Meute bleibt denn auch überschaubar. Eine Reporterin noch, vom *Bersenbrücker Kreisblatt,* laut Eigenwerbung »von den sieben Regionalausgaben der *Neuen Osnabrücker Zeitung* die viertgrößte«, 13.383 Auflage. Die übrigen Plätze bleiben leer. Rechtsstaat bei der Arbeit.

Der Richter, der eben noch in Jeans über den Flur huschte,

erscheint mit weißer Krawatte unter der schwarzen Robe, bärenhaft groß, gelassen, geschäftig. »Sie können bitte Platz nehmen«, brummt er.

Ihm zur Seite sitzen zwei Schöffen. Davor zur Linken der Staatsanwalt mit dünnem Papierstapel und einem Federmäppchen wie einst auf der Schulbank. Zur Rechten der Verteidiger mit Kladde und edlem Markenfüller, den er wie Familienschmuck im offenen, gepolsterten Etui belässt. Neben ihm der Beschuldigte V., der eher auf der Stuhlkante sitzt, mittelgroß, die Hände vor sich auf dem Tisch gefaltet. Ohrring, kantige Brille, Outdoorjacke mit Aufschrift »Brooklyn-Downtown«.

Verbal gepustet

Als persönliche Daten hält das Gericht fest, dass er im April 1975 geboren sei, gelernter Dachdecker, inzwischen Kraftfahrer, 1800 Euro netto, geschieden, zwei Kinder, 13 und 17 Jahre alt, die bei der Mutter lebten. Dieser zahle er monatlich 200 Euro. Strafrechtlich sei er bisher nicht in Erscheinung getreten.

Es gehe um die Beschwerde der Staatsanwaltschaft gegen einen Freispruch des Amtsgerichts Bersenbrück. Weil der Fall eine komplexere Vorgeschichte habe, sagt der Richter, wolle er vorab die bisherigen Rechtspositionen verlesen.

Demnach, so erfahren die Anwesenden nun noch mal, lehnte die Bersenbrücker Amtsrichterin zunächst einen Strafantrag der Göttinger Staatsanwältin ab, die sich daraufhin erfolgreich beschwerte, weshalb es zur Anklage durch die Staatsanwaltschaft vor demselben Amtsgericht kam, die V. eine Aufforderung zur Begehung einer Straftat nach Paragraf 111 des Strafgesetzbuches anlastete.

Tatvorwurf sei gewesen, dass der Beschuldigte auf seiner Facebook-Seite den Post einer Gruppe namens »Freunde und Verbündete der AfD« über einen Unionsabgeordneten und Impfbefürworter mit dem Eintrag kommentiert habe: »Dem ne Kugel ins Hirn, vielleicht hilft es ja.«

Zwar habe das Amtsgericht den Beschuldigten als Paradebeispiel der derzeitigen gesellschaftlichen Problematik beschrieben, zugleich aber bezweifelt, dass sein Kommentar ausgereicht habe, um den inneren Frieden der Gesellschaft zu beeinträchtigen, wie es das Strafrecht verlange.

Auch wenn das psychologische Klima, in dem Straftaten gedeihen könnten, durchaus gegeben sei, reiche »bloße Provokation und Stimmungsmache« nicht für eine Verurteilung aus, habe die dortige Richterin festgehalten. Zudem habe die Einlassung des Beschuldigten ergeben, dass »dessen Ernstlichkeit« in dem zitierten Post zweifelhaft sei. Insofern habe man »nicht am Wortlaut kleben« dürfen. Das Amtsgericht sei deshalb der Erklärung des Angeklagten gefolgt, wonach seine Formulierung »Dem ne Kugel ins Hirn« so verstanden werden sollte, dass damit »das Gehirn nur verbal durchgepustet« würde.

Der Richter verlas all das, wie er auch ein längeres Kochrezept oder die Gebrauchsanleitung eines Geschirrspülers hätte vorlesen können. Erst als die Bersenbrücker Urteilsbegründung zur vergleichenden Sprachanalyse ansetzt, hebt er den Kopf, um danach noch einmal genauer hinzusehen. Dann erst zitiert er die Einschätzung der Amtsrichterin weiter, wonach man in entsprechenden sozialen Kreisen ja auch den Ausspruch hören könne: »Dir hat man ja wohl ins Gehirn geschissen!«

»Das Amtsgericht«, fasst der Richter zusammen, »sah letztendlich die Schwelle zur Aufforderung zu einer Straftat als nicht überschritten an.« Trotz des Freispruchs habe der

Amtsrichterin zufolge schon der damalige Gerichtstermin den Beschuldigten aber sicherlich dahingehend beeindruckt, dass er künftig keine Falschnachrichten mehr auf ähnliche Weise kommentiere.

Nebenwirkungen und so

Tatsächlich sei der Post, der V.s Aufmerksamkeit auf sich gezogen habe, eine im Netz kursierende »Fake News« gewesen, wie die Bersenbrücker Urteilsbegründung festhielt. Darin sei einem Arzt und CDU-Abgeordneten aus Nordrhein-Westfalen unterstellt worden, er wolle gegen den Willen der Eltern »Kinder von der Polizei abführen und zwangsimpfen« lassen.

Dass der Beschuldigte seinem Kugel-ins-Hirn-Kommentar deshalb noch hinzugefügt hatte, der Mann solle »sich sein Gift selber spritzen«, wertete dessen Verteidiger in dem Verfahren sogar als entlastend. Denn dies hätte der Gemeinte ja nur durchführen können, wenn die zuvor genannte Kugel nicht tödlich gewesen wäre.

Danach zitiert der Richter den Revisionsantrag, den die Göttinger Staatsanwaltschaft daraufhin in Osnabrück eingereicht hatte. Selbst wenn der Geschädigte habe überleben sollen, habe sie erwidert, läge zumindest eine schwere Körperverletzung vor und damit noch immer die Aufforderung zu einer Straftat. Im Übrigen erfordere die obergerichtliche Rechtsprechung gar nicht, dass die Aufforderung wirklich ernst gemeint sei. Maßgeblich sei allein der entstandene Eindruck bei Dritten.

Damit lässt der Richter die Akte vor sich auf den Tisch sinken, wendet seinen Blick dem Beschuldigten zu und fragt, ob er sich auch selbst noch einmal äußern wolle.

»Es war halt 'ne Überreaktion, dass ich das so geschrieben

habe, und keine Absicht«, versichert V. »Ich habe definitiv nie beabsichtigt, jemand etwas Böses zu tun.«

Warum er es dann geschrieben habe, fragt der Richter knapp.

»Es ging mir um meine Kinder«, antwortet V. nun. Er habe nur die knackige Überschrift des Beitrages gelesen. »Und dann kam diese Reaktion heraus.«

»Wie haben Sie es denn gemeint?« fragt der Richter weiter.

»Nur zum Wachrütteln«, sagt V. einsilbig.

»Meistens ist man nicht wach, sondern tot, wenn man 'ne Kugel im Kopf hat«, entgegnet der Richter. »Haben Sie denn für denkbar gehalten, dass das jemand lesen würde?«

»Nein«, sagt V.

»In der Hauptverhandlung sagten Sie noch Ja«, entnimmt der Richter der Akte.

Der Beschuldigte rudert. »Ich bin kein Impfgegner«, fährt er fort. »Aber ich finde es nun mal nicht in Ordnung, dass Kinder weggenommen und abgeführt und zwangsgeimpft werden, ohne Zustimmung der Eltern.«

»Glauben Sie das denn ohne Weiteres, dass ein Politiker solche Zwangsimpfungen für Kinder fordert?«, will der Richter wissen. »Sind Sie gar nicht auf die Idee gekommen, das einmal zu hinterfragen?«

»Hinterher schon«, sagt V. »Aber dann war es zu spät.«

Eine Nachfrage hat der Richter noch, zur Zeile, wonach sich der Politiker »sein Gift selber spritzen« solle. »Warum Gift?«, fragt er.

»Na, ich versuche mich ja schon zu informieren, im Internet«, sagt V. »Wegen Nebenwirkungen und so.«

Pointierter Ankläger, schlingernder Anwalt

Der Staatsanwalt, der das Verfahren von der Göttinger Zentralstelle zur Bekämpfung von Hetze im Netz übernommen hat, redet nicht lange um den Kern des Verfahrens herum. »Ich glaube Ihnen schlichtweg nicht«, sagt er dem Beschuldigten, »dass Sie ›Wachrütteln‹ meinten.« Auch der wohlwollenden Interpretation des Amtsgerichtes könne er nicht folgen. Selbst wenn man Gesprächskulturen unterscheide, wie es die Richterin versucht habe, »hieß es in dem Kommentar eben nicht: ›Ey, der muss mal wach werden!‹«

Und selbst wenn der Beschuldigte nicht gewollt habe, dass jemand tatsächlich mit einer Schusswaffe zur Tat schreite, so habe er mit dem Post doch billigend in Kauf genommen, dass jemand ihn dennoch ernst nehme. In dem Land, in dem V. lebe, seien zuletzt tatsächlich Menschen so zu Tode gekommen. Auch V. habe das wissen müssen. Die Anklage halte deshalb ihren Tatvorwurf aufrecht.

Was zu einem nachdenklichen Plädoyer des Verteidigers hätte werden können, gerät danach zur Posse. »Das hier ist nicht der Lübcke-Fall«, setzt er zu seinem Statement an, als würde er nun Punkt für Punkt die Vorwürfe kontern. Zwei Sätze später ist er jedoch schon am Ende, ohne auf die Argumente der Anklage tatsächlich einzugehen. Sein Mandant habe nicht vorgehabt, eine Tötung in Auftrag zu geben. Er beantrage deshalb Freispruch, sagt er und setzt sich wieder.

Keine Erläuterung, kein Hinweis auf das monatelange Hin und Her, mit dem die Richterin dem Beschuldigten sogar die Möglichkeit nahm, mit einem früh beglichenen Strafbefehl das Ganze hinter sich zu lassen. Kein Versuch, seinem Mandanten diese Monate, in deren Verlauf selbst er als Verteidiger ein maßvolles Urteil befürwortet hatte, strafmildernd zugute zu halten. Stattdessen muss er sich nun auch vom verblüfften

Richter den Hinweis anhören, dass die Verteidigung in Bersenbrück offenbar noch eine andere Auffassung vertreten habe. Kurzum: Statt auf einer glaubwürdigen Verteidigungslinie zeigte sich der Verteidiger eher auf Achterbahnkurs.

Danach gibt sein Mandant als Schlusswort erneut zu Protokoll, dass er in Zukunft nichts mehr kommentiere, was er nicht zuvor gelesen habe. Als sei dies die einzige Lehre, die er zu beherzigen habe. Dann ziehen sich Richter und Schöffen zur Beratung zurück.

»Dann rollt der Zug«

Ich hatte als Vertreterin der Anklage eigentlich die Göttinger Staatsanwältin Svenja Meininghaus erwartet, die dem Fall von Beginn an eine richtungsweisende Bedeutung gegeben hatte. Erst später erfuhr ich, dass inzwischen ein neuer Aktionstag des Bundeskriminalamts sie mit Arbeit überhäuft hat. Statt ihre Beharrlichkeit selbst zum erhofften Ergebnis zu führen, schreibt sie an der drängenden Anklage gegen einen Festgenommenen der »Querdenker«-Szene. Und im Landgericht lauscht nun der örtliche Ankläger dem nächsten Urteilsspruch, ebenso wie Verteidigung und Mandant sowie in der letzten Stuhlreihe die Kollegin des *Kreisblatts* und ich.

»Der Freispruch wird aufgehoben«, verkündet der Richter im Stehen. »Das Gericht folgt der Beschwerde der Staatsanwaltschaft.« Zur Begründung führt er aus, dass V.s öffentlicher Kommentar für eine unbegrenzte Zahl von Facebook-Lesern wahrnehmbar gewesen sei, unabhängig davon, wie ernst er diesen gemeint habe. Dass V. den Adressaten nur habe aufrütteln wollen, lasse das Landgericht nicht gelten. »Kugel ins Hirn ist Kugel ins Hirn«, macht der Richter deutlich. »Damit wird keiner wachgerüttelt, damit ist man tot.«

Auch zu der Falschnachricht aus dem AfD-Umfeld, wonach Kinder polizeilich abgeführt und zwangsgeimpft werden sollten, lässt sich der Richter ein. »So werden Fake News aufs Gleis gesetzt«, sagt er eindringlich, »dann rollt der Zug los und alle springen auf. Und versuchen dann noch, sich gegenseitig zu übertrumpfen.«

Man sehe dann, wie auf Protestmärschen Galgen mitgeführt würden und von »Corona-Diktatur« geschwurbelt werde. Auch Worte wie »Dem ne Kugel ins Hirn« seien sehr wohl geeignet, befolgt zu werden. Als Strafmaß legt er 90 Tagessätze fest, wie von der Staatsanwaltschaft schon im ursprünglichen Strafbefehl gefordert, nimmt aber als Tageseinkommen des Beschuldigten 50 Euro statt 60 an, sodass die Summe bei 4500 Euro liegt, zahlbar in Raten zu 200 Euro. Der Verurteilte gelte weiter als nicht vorbestraft.

Den Verteidiger überrascht das Urteil offenbar nicht. Er bespricht sich nur noch mit dem Mandanten, um zu klären, ob diesem die Monatsrate zu hoch sei, worauf der Staatsanwalt signalisiert, das lasse sich regeln.

Belohnte Dreistigkeit?

Zwischen meinen üblichen Blicken aus dem Zugfenster auf dem Weg zurück nach Altona lese ich später den Online-Bericht der Bersenbrücker Kollegin. »Landgericht Osnabrück verurteilt Internet-Hetzer aus dem Nordkreis«, titelt ihr Blatt. Als der Tag endet, empfinde ich durchaus ein wenig Mitleid mit dem Verurteilten, aber das empfinde ich mit Unterlegenen immer. Seine Entschuldigung vor Gericht nahm ich ihm tatsächlich ab. Aber auch wer sich für Raserei entschuldigt, entgeht keinem Strafzettel. So sind die Regeln.

Zudem scheint mir ein Blick auf das Haltbarkeitsdatum

seiner Entschuldigung angebracht, sobald der Reumütige sich wieder über »Tatsachen und so« im Netz informiert.

Als der Richter V. nach dem Bildungsstand fragte, hatte er »zehnte Klasse, Realschulabschluss« angegeben. Warum reichen zehn Schuljahre nicht, um davor zurückzuschrecken, einem Menschen einen Kopfschuss zu wünschen, frage ich mich. Und wem hatte die Richterin nun eigentlich damit gedient, dass sie dem Beschuldigten wider jede Vernunft die Version von der verbal wachrüttelnden Kugel abkaufte?

Wie gut sie es auch immer gemeint haben mochte, bilanziere ich, als draußen der Bremer und der Hamburger Hauptbahnhof vorbeigezogen sind, sie hatte damit Vernunft eher in Zweifel gezogen und stattdessen Dreistigkeit belohnt. Wenn nicht mal mehr die Gerichte Wahrheit und Lüge zu trennen vermögen, Notlügen eingeschlossen, wer dann?

Und muss nicht, wer einem Beschuldigten durchgehen lässt, dass er einen Kopfschuss nur wachrüttelnd meinte, am Ende auch dem wütenden Mob im US-Kongress abnehmen, dass dort nur friedliche Patrioten unterwegs gewesen seien? Und den Trumpisten, dass die US-Wahl in ihrer Wahrnehmung Betrug war?

Als der Zug stillsteht, beglückwünsche ich im Stillen die Göttinger Staatsanwältin dafür, dass sie den Fall als richtungsweisend weiterverfolgt hat. Und den heutigen Richter, um weiter im Bild der Bahnreisenden zu bleiben, weil er die Weichen wieder auf geradlinige, nachvollziehbare Rechtsprechung gestellt hat.

16
Trumps Trickkiste
Lehrstunden in Amerika

Als sich der Sturm gewaltbereiter Trump-Anhänger auf das US-Kapitol zum ersten Mal jährt, treffe ich in Hamburg einen Nachbarn, der selbst einer amerikanischen Familie angehört. Zwei seiner Verwandten leben im Bundesstaat Virginia. Über Washingtons Politik ist die Familie schon seit Langem uneins. Seit jedoch Donald Trump gefühlt das halbe Land in den Griff nahm, leben sie in völlig unvereinbaren Welten.

Der Nachbar liest mir aus dem Briefwechsel vor, den er zuletzt mit seiner Cousine und deren Mann führte. Den Angriff der Trumpisten im Herzen der Hauptstadt deuten diese zum gut getarnten Werk der Linken um, inszeniert allein, um den aus seiner Sicht weiterhin rechtmäßigen Präsidenten Trump zu diskreditieren. Die Zertifizierung, die Joe Bidens Präsidentschaft bestätigte, sei illegal gewesen. Die Wahl ein einziger, großangelegter Betrug.

Nein, sagt mein Nachbar, er glaube nicht mehr, dass seine Verwandten noch zugänglich seien für Tatsachen, auch wenn diese für den Rest der Welt noch so offensichtlich seien. Dennoch halte er den Kontakt aufrecht, in der Hoffnung, dass er irgendwann doch noch zu der Cousine durchdringe.

»Weil Du zur Familie gehörst und mir wichtig bist, wende

ich mich noch ein letztes Mal an Dich«, zitiert er nun. »Ich möchte Dich davor bewahren, vollständig dieser propagandistischen Gehirnwäsche zu verfallen.«

»Ich fürchte, das wird sie nicht eben umstimmen«, hake ich ein, woraufhin er mich konsterniert anschaut.

»Warte, du verstehst nicht«, sagt er und lacht verbittert. »Das ist nicht, was ich ihr geschrieben habe. Das schreibt sie mir.«

Auch ihr Mann schicke ihm solche Mails aus Virginia. »Wir werden Dich weiter in unsere Gebete einschließen«, versicherten die beiden ihm dann. Und warnten ihn beschwörend vor »dem politischen Establishment und den radikalen und gefährlichen Medien«, die nicht aufhörten, »diese lächerlichen Vorwürfe in die Köpfe eines jeden zu hämmern, der ihnen zuhört.«

Zwischen Planeten

Ich hatte schon ein Jahr zuvor nicht zu jenen gezählt, die Bidens Amtseinführung als Beweis für die Stabilität der amerikanischen Institutionen gewertet haben. Mich sorgt seitdem eher, wie knapp das war. Und damit meinte ich nie die sieben Millionen Wählerstimmen, die Biden Trump voraushatte. Das war als Ergebnis eigentlich klar genug.

Doch dann hatte der Wahlverlierer Trump einen durchsichtigen Versuch nach dem anderen gestartet, um das Resultat für nichtig erklären zu lassen. Hatte Nachzählungen veranlasst, die seinen Rückstand sogar noch vergrößerten, hatte Klagen angestrengt bis zum Obersten US-Gericht, seinen Justizminister unter Druck gesetzt, öffentlich von Anzeichen für Wahlbetrug zu sprechen, und den Wahlleiter des Bundesstaates Georgia, einen republikanischen Staatssekretär, eine Stunde lang am Telefon genötigt, etwa 12 000 fehlende Stimmen für ihn »zu finden«.

Nachdem all das nichts genutzt hatte, stachelte er am Morgen vor der Wahlzertifizierung eine wütende Menge Anhänger an, nun zu »kämpfen wie die Hölle«, um Bidens Bestätigung im Kongress noch zu verhindern. Bei der anschließenden Attacke starben fünf Menschen, vier davon Polizisten, die das Parlament schützten.

Nicht nur mit meinem Nachbarn habe ich oft erörtert, wie die Washingtoner Krawallnacht zu deuten ist und was sie womöglich mit uns zu tun hat. Gab es nicht zuletzt auch in Berlin bereits eine Version von Reichstagsstürmern? Zerfällt nicht auch hier die Öffentlichkeit in Parallelwelten? Hier der Mainstream, dort die Verschwörungsgläubigen-Querdenker-Spaziergänger? Manche noch für einen Dialog erreichbar, andere schon in einer Art Jenseits?

Ob morgens beim Bäcker oder auf Veranstaltungen und Podien, an denen ich teilnahm, ging es dabei stets auch darum, was die angemessene Reaktion wäre, wenn Lügen und Hass zum entscheidenden Treibmittel gesellschaftlicher Auseinandersetzung würden.

Meist griff ich dann ein paar Jahre zurück, um Vorbilder zu finden. Etwa auf Barney Frank. Der resolute, mitunter auch kauzige Abgeordnete im US-Kongress blieb mir in Erinnerung, weil er im ersten Sommer nach Präsident Obamas Wahl auf einer Bürgerveranstaltung der Demokraten eine Wende markierte.

Seit Wochen war der Präsident da wegen seiner geplanten Gesundheitsreform in der Defensive. Die Vorwürfe der Republikaner gipfelten in der Unterstellung, Obama wolle mit dem Gesetz Euthanasie einführen. Tag für Tag erwehrten sich in ihren Heimatbezirken Abgeordnete vor laufenden Live-Kameras wütender Wortmeldungen. Der gefeierte Wahlsieger

Obama und seine Mitstreiter unter wachsendem Druck der eigenen Basis, das war neu. Und je mehr die bedrängten Demokraten sich mühten, die Angstkampagne im Austausch mit Bürgern zu entkräften, desto tiefer sanken sie in Umfragen. Erst als Frank auf eigene Weise reagierte, endete der Spuk.

Im Saal hatte sich eine junge Frau mit sorgenvollem Blick ans Mikrofon begeben, um dem Abgeordneten wortreich ins Gewissen zu reden. Sie könne nicht dulden, klagte sie unter Tränen, dass er noch immer einen Präsidenten unterstütze, der sich offensichtlich der Politik Adolf Hitlers verschrieben habe. Frank, den nur ein Tisch von der Rednerin trennte, hörte geduldig zu, bis sie mit ihrem Appell zum Ende gekommen war und die Kameras von ihr auf ihn schwenkten. »Gute Frau«, sagte er dann kühl und entschieden, »ich werde Ihnen darauf nicht antworten. Der Grund dafür ist, dass ich ebenso gut mit dem Tisch hier reden könnte. Erlauben Sie, dass ich Sie stattdessen zurückfrage: Auf welchem Planeten leben Sie eigentlich?«

Franks Auftritt hatte zweierlei signalisiert. Er war bereit zuzuhören. Aber nicht, sich auf jede Argumentationsebene zu begeben, die er damit nur aufgewertet hätte. Oder auf jeden Planeten.

Tatsächlich wurde im gleichen Sommer ein internes Strategiepapier der Republikaner bekannt, das unverhohlen empfohlen hatte, in der Bevölkerung Angst vor der neuen Administration zu schüren. Nachdem man sowohl das Weiße Haus als auch beide Kammern des Kongresses verloren habe, bleibe schlichtweg kein anderes Mittel mehr.

Damit das fruchtete, reichten damals noch Medien wie der Kabelsender *Fox News* und Demagogen wie Rush Limbaugh im Talkradio, die sich die Angstkampagne zu eigen machten. Sie warfen Obama vor, er hege rassistische Vorbehalte gegenüber Weißen. Ein Abgeordneter aus Iowa, den auch ich interviewte, fand sichtlich an seinem Lieblingssatz Gefallen, wonach seit Obamas Wahlsieg weltweit die Terroristen tanzten. »Wir schauen nur noch *Fox News*«, sagten mir Zuhörer auf konservativen Kundgebungen. »Wir mögen nun mal Obama nicht. Und die mögen ihn auch nicht.«

Bald gaben die Wortführer der republikanischen Partei in Interviews vor, sie bräuchten gar kein eigenes Programm mehr, um den Präsidenten abwählen zu lassen. Allein die Abstimmung über Obama als Person werde reichen. Sie sollten falsch liegen.

Die Echokammern, die *Fox News* beschallte, waren damals noch kleiner. Pressekonferenzen erreichten noch mehr Menschen, als Tweets es vermochten. Der schillerndste Stern der Republikaner hieß noch Sarah Palin.

»Palin passiert einer Partei, wenn sie ein Vakuum hat«, sagte mir seinerzeit der konservative Vordenker und *Washington Post*-Kolumnist George Will ernüchtert, »sie strömt förmlich in dieses Vakuum hinein, auch wenn sie nie eine Wahl gewinnen wird.« Der Frust des Intellektuellen Will wuchs in den Folgejahren freilich so sehr wie das Vakuum, das er beschrieb. Am Ende sollte es so groß werden, dass Donald Trump hineinpasste.

Auch die in Deutschland verbreitete Antwort, dass Trump seinen Wahlsieg nur der Schwäche der Gegenkandidatin Hillary Clinton zu verdanken hatte, habe ich nie geteilt. Viel eher verdankte er ihn aus meiner Sicht einer Trickkiste voll politischer Propaganda, aus der er sich noch unverhohlener bediente als die Palin-Partei der Tea-Party-Jahre. Tricks, die sich bald auch die Wortführer anderer Verschwörungsmilieus zu eigen machten, die sich von Trumps Aufstieg beflügelt fühlten. Von Trump lernen, hieß siegen lernen. Die Zauberwörter waren Lüge, Fake News und ein vernebelter Begriff von Fairness.

Begriffe besetzen

Schon nach dem ersten Tag seiner Amtszeit ließ Trump falsche Behauptungen von seiner Sprecherin in »alternative Fakten« umbenennen. Da ging es noch um die geschönte Zahl der Besucher seiner Inaugurationsfeier, die zwar sichtbar nicht an die Menge heranreichte, die zur Amtseinführung Obamas gekommen war, der aber, schon weil Trump Trump war, historisch einmalige Ausmaße zugesprochen werden mussten. Die Fakten-Checker der Qualitätszeitungen kamen seitdem kaum hinterher, um Trumps tägliche Lügen und Halbwahrheiten zu benennen, die am Ende bis zur »Big Lie«, zur großen Lüge von Trumps angeblich gestohlener Wiederwahl, reichten.

Die Überführung als Lügner indes, die in Deutschland jede Politiker-Karriere gemeinhin beendet, verhallte im Trump-Lager weitgehend folgenlos. Denn noch bevor die Wucht des Vorwurfes ihn treffen konnte, hatte er selbst schon vorausschauend seine Gegner und Kritiker als Lügner abgestempelt. Sie logen angeblich über alles, von ihren eigenen Geburtsurkunden bis zu seinem anrüchigen Steuergebaren. Und Zeitungen, die darüber berichteten, logen sowieso. So wie der Igel, den der Hase plötzlich vor sich sah, schon vorab das Ziel besetzt hatte, hatte Trump den Lügenvorwurf besetzt und damit hinreichend Verwirrung gestiftet.

Trump verschaffte sich dadurch – wie andere Propagandisten und Verschwörungsschwurbler vor und nach ihm – einen strategischen Vorteil, auf den Erwachsene groteskerweise eher hereinfallen als Kinder. Kinder im Sandkasten würden dem kleinen Trump so unbekümmert wie angemessen antworten: »Nein, du lügst! Und nicht ich!« Erwachsene hingegen, zumal im Lager der Trump-Kritiker, wollen besser sein. Überzeugender antworten. Mühen sich um Argumente und

Beweise. Und scheitern, weil sie damit nicht auf den Trump-Planeten durchdringen. Mit der Folge, dass wir uns oft auch eben wie Gescheiterte fühlen, die Verschwörungsgläubigen hingegen nicht. Zumindest, bis uns Barney Frank wieder einfällt.

Fake-News-Nebel

Auch die Blaupause für deutsche »Lügenpresse«-Parolen, etwa der Pegida-Aufmärsche, dürfte Trump geliefert haben. Mit der Wortwendung »Fake News« verschaffte er sich gleich doppelt Vorteile, wirft sie doch nicht nur Nebel über Inhalte, sondern auch auf Quellen. Denn anders als die herkömmlichen Bezeichnungen Lüge und Propaganda, die das Gleiche meinten, vermittelt der Fake-News-Begriff zudem den Eindruck, nur die Nachrichten selbst, die News eben, kämen als deren Quelle in Frage. Und je lauter Trump und sein Gefolge ihn selbst Qualitätsmedien wie der *New York Times* täglich entgegenschleuderten, desto mehr etablierten sie die Wahrnehmung, Trump selbst könne immer nur das Opfer von Lügen sein und nicht etwa deren oberster Verbreiter.

Noch verblüffender scheint mir bis heute, wie weit Trump in seinem Begriffsblendwerk mit der geheuchelten Klage kam, niemand auf der Welt würde so unfair behandelt wie er. Wohl kein Wahlkämpfer der jüngeren US-Geschichte hatte Gegner und in Ungnade gefallene Weggefährten je derart mit Beleidigungen, Häme und Rufmord überzogen wie er. Dass gerade er damit eigentlich jedes Anrecht auf Mitleid oder Weinerlichkeit verspielt hatte, hätte selbst an der Republikaner-Basis jedem auffallen müssen. Es sei denn, deren Wahrnehmungsblase war schon so abgedichtet, dass außer Trumps Tweets nichts mehr hineindrang.

Wie doppelzüngig er für sich jene Fairness verlangte, die er anderen vorenthielt, hatte er schon gegen Hillary Clinton erkennen lassen, ohne dass es ihm schadete. »Ich werde die Wahl anerkennen«, versicherte er scheinheilig im TV-Duell vor Millionen Zuschauern, nur um dann seine Bedingung anzufügen: »Wenn ich gewinne!«

Selbst als ich mit meinem amerikanischen Nachbarn auf die Bemühungen der amtierenden Kongressmehrheit schaue, die Rechtsbrüche des Mobs vom 6. Januar 2021 und der verantwortlichen Drahtzieher aufzuarbeiten, produziert der abgewählte Präsident mit seiner Fairness-Finte weiter Schlagzeilen. Im Falle, dass er ins Weiße Haus zurückkehre, ruft er in Texas seinen Anhängern zum Jahrestag zu, würde er jeden Kongress-Stürmer begnadigen, der von der Justiz in diesen Tagen ach so ungerecht behandelt werde.

Da hat das FBI bereits über siebenhundert Beschuldigte auf Überwachungskameras, Smartphone-Aufnahmen und Youtube-Videos identifiziert und angeklagt. Die Tatvorwürfe: Angriffe auf Polizeibeamte, Gebrauch gefährlicher Waffen, Überfall, Behinderung eines behördlichen Verfahrens und Sachbeschädigung. Die Urteile reichen bis zu fünf Jahren Haft.

Was das Nationalkomitee der Republikaner nicht daran hindert, den beispiellosen Angriff als »legitime Auseinandersetzung normaler Bürger« umzudeuten. Ganz nach der zu Beginn erwähnten These des Washingtoner Medienforschers Frank Sesno: Wenn es um Politik geht, glauben viele nur das, was sie auch glauben wollen.

Gegengift

»In einem Punkt hat Trump recht behalten«, befand ich als Studiogast nach den Unruhen. »Das Washingtoner Establishment versagt so kläglich, wie er es immer behauptet hat. Jedenfalls das seiner Partei.« Dabei könnten diese Politiker unabhängiger kaum sein. Fast alle seien gebildet und wohlhabend und hätten nicht mehr zu verlieren als eben ihr Mandat.

Wie rechtfertigen jene Trump-Getreuen also ihr Verhalten? Wie ertragen sie allmorgendlich ihren eigenen Anblick im Spiegel? Was dient ihnen gleichsam als Gegengift? Die Antwort führt uns zurück zum Kern unserer Reise: Die Rechtfertigung liefert der gefügige Glaube, das eigene Fehlverhalten sei legitim, weil es ein noch größeres Übel abzuwenden helfe, das sich mithilfe einer hinreichenden Menge Hass und Hetze leicht an die Wand malen lässt: den Niedergang Amerikas im Sozialismus, im bedrohlichen Linksruck, in Verhältnissen wie in Venezuela. In Straßen, in denen Terroristen tanzen. In Präsidentschaften, die Euthanasie-Programme einführen.

Es war David Frum, der frühere Redenschreiber George W. Bushs, der, ähnlich aufgeschreckt wie George Will, gegen den sektenhaften Sinkflug der Partei anschrieb. Trumps Vernebelung der Wahrheit sei einem Lehrer vergleichbar, der seiner Schulklasse erkläre, zwei plus zwei ergebe fünf. Vier sei eine Lüge gewesen. Genau das mache Trump. Und das Fatale dabei sei: Um sein Ziel zu erreichen, müssten Trumps Schüler gar nicht glauben, dass fünf korrekt sei. Es reiche schon, wenn sie fortan nicht mehr so sicher seien, dass vier stimmte.

Ähnlich sollte es angesichts des Ukraine-Krieges der Propagandaforscher Marc Owen Jones beschreiben. »Man muss der Desinformation nicht glauben«, so der Experte im *Spiegel*, »damit sie effektiv ist.« Und ebenso ähnlich sollten Putins

Vasallen offenbar auch hier Begriffe besetzen, wenn sie sich in Berlin mit wehenden Russlandfahnen zum Protest gegen »Propaganda in Schulen« und »Diskriminierung« Unschuldiger aufreihen, die sie in Wahrheit Putin vorhalten müssten.

Beruhigtes Amerika

Als Reaktion auf Trumps Dauervorwurf, dass die Medien nur Fake News verbreiteten, schaltete der Nachrichtensender CNN seinerzeit einen Werbeclip für das eigene Handwerk. Zu sehen war darin, vor weißem Hintergrund, ein schlichter Apfel.

»Das ist ein Apfel«, sagte dazu ein Sprecher. Es möge zwar Leute geben, die behaupteten, es sei eine Banane. Sie könnten dies sogar wieder und wieder behaupten, sogar in Großbuchstaben schreiben und lauter hinausschreien als alle anderen. Dennoch bleibe der Apfel ein Apfel. »Zuerst die Tatsachen«, mahnte der Spot. Meinungen kämen danach.

Nach langem Zögern und teilweise erst auf Druck der eigenen Mitarbeiter reagierten am Ende auch die sozialen Netzwerke Twitter, Facebook und Youtube und sperrten Trumps Lügen-Accounts. Allein auf Twitter hatten sie bis dahin annähernd 90 Millionen Nutzer abonniert. Spätestens nach der Attacke auf den US-Kongress mussten sich die Betreiber jedoch eingestehen, dass Trumps alternative Wahrheiten nicht mehr nur gegen Hausregeln verstießen, sondern im juristischen Sinne auch eine Gefahr im Verzuge darstellten.

Schon bald nach Joe Bidens Amtsantritt schien in Amerika indes kaum mehr jemand die allmorgendliche Twitter-Hetze aus dem Weißen Haus zu vermissen. Biden mag das Land nicht versöhnt haben, beruhigt aber hat er es bis dahin allemal. Einiges spricht also dafür, dass es im nächsten Wahlkampf wieder mehr um Politik gehen könnte als um den blanken Stammeskrieg der Lager. Wenn dann der oder die Überzeugendere gewinnt, wäre auch für das Land viel gewonnen.

Meinem Nachbarn habe ich derweil empfohlen, sich nicht länger in Briefwechseln mit dem Paar aus Virginia aufzureiben. Es gebe Planeten, die schaue man sich freudvoller aus der Ferne an.

Bedrohtes Europa

Auf der Weltbühne wird Donald Trump im Februar 2022 ohnehin von einem Akteur überschattet, der Lügen noch viel folgenreicher einsetzt. Gegen Trumps Umsturzbestrebungen von innen hatte die Demokratie immerhin noch Hausmittel. Gegen Putins Überfall auf die Ukraine, samt seiner hemmungslosen Wortakrobatik, wonach dies kein »Angriff« oder »Krieg« sei, sondern eine neuerliche historische »Befreiung vom bösartigen Geschwür der Nazis«, erschien der Westen bedrückend schlecht vorbereitet.

Dass Trump selbst dann noch Putin als »Genie« umschwärmt hat, dessen »Methode« man etwa an der US-Südgrenze doch durchaus übernehmen könne, dürfte vielen nur noch klarer machen, welch einen Möchtegern-Despoten Amerikas Konservative da über Jahre unterstützt haben. Oder dies noch immer tun.

Beide, Putin wie Trump, haben uns so in Echtzeit vorgeführt, wie sie vor den Augen der Welt Tatsachen gegen Propaganda zu tauschen vermochten, Mitmenschlichkeit gegen Hass und Wahrheit gegen orwellsches Neusprech. Wo immer unsere kollektive Erinnerung an solches Verhalten zu sehr verblasst war, um ihm zeitiger, aufmerksamer und weniger zweifelnd entgegenzutreten, sollten uns beide Beispiele, im Alltag wie auf der Weltbühne, neue, lebendige Maßstäbe dafür geliefert haben.

Und noch etwas fällt rückblickend auf. So wie der Sturm der Trump-Anhänger auf das Kapitol vielen erst verspätet deutlich machte, wie gefährlich der Mann auf dem Präsidentenstuhl schon immer war, und so wie erst Putins Kriegskolonnen vor Kiew den Despoten im Kreml endgültig demaskierten, so legte auch der Mord an Walter Lübcke lediglich frei, was schon lange zuvor hätte auffallen können. Dass Ermittler dies in Gesprächen so freimütig schilderten, sollten wir ihnen nicht mehr zum Vorwurf machen als der Gesellschaft insgesamt. Die lange nicht wahrhaben wollte, welche Folgen das Ausmaß an ungebremster Netzhetze in der wirklichen Welt haben kann.

Ausblick

Justiz in Bewegung
Grenzziehungen

Als die Sendetermine von *Hass im Netz* verstrichen sind und das Osnabrücker Landgerichtsurteil zum Facebook-Eintrag »Dem ne Kugel ins Hirn« rechtskräftig ist, frage ich bei den Gerichten auch nach dem Fortgang der übrigen Verfahren an, die wir begleitet haben.

Was den Chemnitzer Facebook-Nutzer angeht, der sich die scheidende Kanzlerin ins KZ wünschte, hat die Staatsanwaltschaft Anklage wegen Volksverhetzung erhoben. Der Strafprozess in Lingen wegen verherrlichender Darstellungen von Gewalt gegen Frauen wurde zwischenzeitlich ausgesetzt, um zu klären, ob Tatvorwürfe getrennt beurteilt werden müssen. Laut Staatsanwaltschaft steht fest, dass der Beschuldigte die Motive selbst veröffentlicht hat. Der Verteidiger führte an, dies sei mit unklarer Verantwortung über eine russische Webseite erfolgt.

Der in Peine verurteilte Angeklagte, der selbstredend Annalena Baerbock und andere gerne mit gesteigertem Puls »durch ein Zielfernrohr« betrachtete, zog seinen Berufungsantrag vor dem Landgericht Hildesheim zurück. Nachdem er auch dort ausschweifend referiert hatte, legte ihm sein eigener Anwalt diesen Schritt nahe. Die vom Amtsgericht Peine zuvor verhängte Geldstrafe wurde damit rechtskräftig.

Die Beschuldigte aus Sachsen, von deren angeblichem Familienhandy die Zeile in die Welt ging, wonach die Judenverfolgung »ein scheoßdreck« im Vergleich zum Umgang mit Corona-Leugnern gewesen sei, muss ebenso wie ihr Anwalt hinnehmen, dass die Staatsanwaltschaft nun all ihre Handydaten auslesen lässt. Die Dresdner Bürgerin, die dem Sprachverfall in Dating-Portalen Grenzen setzen will, wartet derweil noch auf die Ermittlungsergebnisse der Polizei.

Allein das Verfahren gegen die 73-jährige Beschuldigte, die darauf beharrte, dass ihr strafrechtsrelevanter Kommentar von einem Hacker stammen müsse, wurde eingestellt. Das Gericht in Einbeck befand, dass sich letzte Zweifel an ihrer Täterschaft nicht hätten ausräumen lassen.

Falsche Maßstäbe

In den Monaten, in denen dieses Buch entstand, haben die ausgewählten Strafverfolger und Ankläger von Hass- und Hetzkriminalität sich vor Gerichten also weithin durchgesetzt. Signalwirkung ging zudem vom Bundesverfassungsgericht aus, das der klageführenden Politikerin Renate Künast recht gab in ihrem Streit mit nachgeordneten Gerichten, die lange die Urheber von Hassbotschaften geschützt hatten.

In seltener Klarheit warfen die Karlsruher Richter diesen Urteilen nun »Fehlverständnis« und »falsche Maßstäbe« vor. Niemand müsse sich Beleidigungen wie »Stück Scheisse« und »Drecks Fotze« gefallen lassen, auch nicht als Politikerin und auch nicht, wenn die Tatbestände, ähnlich wie im Falle unseres Bersenbrücker »Kugel ins Hirn«-Kommentars, als Reaktion auf gefälschte Beiträge verfasst worden seien.

Auch die Verbindung des NS-Judensterns mit der Inschrift »Nicht geimpft«, die vor allem in der »Querdenker«-Szene verbreitet war und die von der Göttinger Staatsanwaltschaft von Beginn an als Straftat angesehen wurde, bringen Strafverfolger mittlerweile bundesweit als Holocaust-Verharmlosung und folglich als Volksverhetzung zur Anklage.

Als wegweisend könnte sich auch ein Urteil des Oberlandesgerichts Köln erweisen, das den Tatbestand der Volksverhetzung auch auf Online-Hetze gegen Frauen anwandte und etwa den Kommentar »Weiber sind Menschen zweiter Klasse« entsprechend unter Strafe stellte. Zu ersten Anzeichen, dass auch in diesem Bereich »Gerichte endlich entschiedener handeln«, zählt die *Süddeutsche Zeitung* zudem Schmerzensgeld-Urteile bis zu 10 000 Euro in Fällen von »sexualisierter Beleidigung«.

Das öffentliche Bewusstsein, dass niemand mehr das Netz als rechtsfreien Raum begreifen sollte, ist also zweifellos gewachsen. Wenn es stimmt, was uns die Strafverfolger anfangs sagten, haben allein schon die Berichte über die zunehmende Zahl von Ermittlungsverfahren und über aufsehenerregende Urteile mehr Prävention bewirkt als alle Strafbefehle zuvor, von denen niemand außer den Beschuldigten erfuhr.

Auch das Allzweck-Argument des relativierenden Konjunktivs, das Tätern lange Deckung bot, wenn sie ihre Hetzkommentare mit »Hätte ich zu entscheiden …« oder »Wäre ich Reichskanzler …« begannen, hat die Justiz hinter sich gelassen. Dass radikalisierte Nutzer etwa in einschlägigen Chatgruppen eine Aufforderung zur Straftat auch dann als solche deuten können, wenn diese mit einem Konditionalsatz beginnt, hat offenbar auch die Richterschaft erreicht. Es war ohnehin nie nachvollziehbar, dass ausgerechnet eine Klientel, die sichtlich schon mit Orthografie und Kommasetzung überfordert ist, sich noch mit Feinheiten des Konjunktivs aufhalten würde.

Mögliche Massen

Hat sich das Gesetzespaket also bewährt? Offen ist zu diesem Zeitpunkt, ob die Maßnahmen gegen Hass und Hetze den Klagen der großen Netzwerkbetreiber von Facebook bis Youtube standhalten werden, die in der großzügigen Weitergabe von Nutzerdaten an das Bundeskriminalamt einen Rechtsbruch gegenüber ihrer Kundschaft sehen. Das wäre zwar glaubwürdiger, wenn sie als Betreiber selbst ihre Inhalte hinlänglich auf strafbare Inhalte prüften, statt dies immer nur anzukündigen. Dennoch ist möglich, dass Karlsruhe die Praxis noch nachbessern lässt, wonach die Fallprüfungen und mithin auch der Datenschutz ganz dem BKA anvertraut bleiben sollen.

Auch der Kontakt zu den Telegram-Betreibern in Dubai bedeutet noch längst nicht, dass diese die Auflagen erfüllen werden, die das Gesetz verlangt, von der Bereitschaft, auch Beschwerden privater Nutzer nachzugehen, bis zum Einrichten verantwortlicher Kontaktstellen in Nutzerländern.

So wie sich Twitter, Facebook und andere mit Blick auf Akteure wie Trump schon eingestehen mussten, dass ihre Plattformdienste in der realen Welt eben nicht wertneutral, unpolitisch oder gar moralfrei sind, könnte Putins Kriegsgebaren auch im Telegram-Netzwerk ein Umdenken vorantreiben. Womöglich werden dann auch die Verantwortlichen dort irgendwann erkennen, dass es einen Unterschied macht, ob jemand im Dunkel einer Diktatur zu Meinungsfreiheit aufruft oder in einem freien, rechtsstaatlichen Land zum Morden.

Zu einem Problem für die Fahnder könnte es indes auch werden, wenn das Gesetz zu viel Wirkung zeigt, nicht nur weil sich ihre digitalen Bürgerportale wie in Dresden mit beleidigendem Familienzwist überhäuft sehen. Schon in unserem Interview zur Mordanklage von Idar-Oberstein hatte der Koblenzer Generalstaatsanwalt Jürgen Brauer angedeutet, dass keiner wisse, »welche Massen« an Verfahren wohl auf die Strafverfolger zukämen, sobald die Meldepflicht für Medien greife. Monate später ließ er im nächsten Gespräch durchblicken, wie viele Kräfte allein das Abarbeiten applaudierender Netzkommentare nach den Todesschüssen von Kusel binde. »Wir sind gerade nur noch mit ›Hate Speech‹ befasst«, sagte er auf Nachfrage. Da war die Zahl der Hinweise bereits vierstellig.

Weitere Wochen später zeigte dann auch eben Putins Überfall auf die Ukraine Wirkung, für den er nicht nur Truppen mobilisiert hatte, sondern auch die gewohnten Bot- und Troll-Fabriken, die unter hiesigen Netznutzern einen ähnlichen Lügen-Turbo zünden sollten, wie ihn Claudia Roth zuletzt den Pegida-Aktivisten zuschrieb, und die Plattformen wie Google, Facebook und Instagram erneut zu Kontensperrungen veranlasst haben.

Stellvertretend für viele klagte der Chefredakteur der *Frankfurter Rundschau*, Thomas Kasper, im Deutschlandfunk, dass die Zahl der künstlich erzeugten Schmähungen und Kommentare in jenen Tagen die Mitarbeiter seines Community-Teams hoffnungslos überfordert habe. Bis zu 35 000 Einträge hätten die Redaktion täglich erreicht, die erkennbar nicht von Menschen, sondern von Maschinen formuliert worden seien. »Ich glaube immer noch an ein Internet, das Kommunikation ermöglicht«, fügte er in einer Mischung aus Trotz und Verzweiflung hinzu, »aber so viele Kommentare können Sie nicht einmal mehr löschen.«

Kriegsopfer Wahrheit

Tatsächlich hatte das Nachrichtenpublikum schon bei der Eroberung der Krim verfolgen können, dass Putin noch unverhohlener als Trump die Fake-News-Nebelkerzen zündete. Schon damals leugnete er über Wochen, dass die angeblich herrenlosen Uniformierten, die in die Halbinsel ausschwärmten, seinem Befehl folgten. Also war die internationale Berichterstattung ihren Handwerksregeln zufolge auf Konjunktive angewiesen: Die Fakten seien unklar, Aussage stehe gegen Aussage.

Erst als die Krim eingenommen war, rühmte sich Putin im eigenen Staatsfernsehen, dass es »natürlich« seine Leute waren, die so erfolgreich dem Vaterland gedient hätten. Der strategische Vorteil gegenüber den Zweifelnden hatte ihm genügend Zeit eingebracht. Zeit, um Fakten zu schaffen.

Im eigenen Land hat Putin es einfacher. Da wurden kritische Journalistinnen und Oppositionelle schon zuvor mal eben erschossen, Widersacher vergiftet oder weggesperrt oder gleich beides. Inzwischen lenkt seine Propaganda die Wahrnehmung in der russischen Denkblase bis hin zum Sprech- und Schreibverbot der Worte »Angriff« und »Krieg«. Alles für die heimische Propagandafront. Und die empfangsbereiten Putinisten, auch in Deutschland. Propaganda, die also im Putin-Reich Einheit vortäuscht und zugleich in westlichen Demokratien Verwirrung. Man könnte es einen asymmetrischen Info-Krieg nennen, einschließlich seiner *Fox News*-Moderatoren, die auch gerne Moskaus Neusprech übernehmen, solange es nur den verhassten Demokraten schadet. Selbst dann noch, wenn ihre eigenen Kameraleute und lokalen Freelancer im russischen Raketenhagel sterben. Wie kamen wir da nur hin?

Nervöse Nachrichtenwelt

Als ich das aufschreibe, liegen über dreißig Reporterjahre hinter mir. Beim Sender Freies Berlin, wo ich mein Volontariat antrat, ratterten noch Fernschreiber, von deren Papierrollen wir die Agenturmeldungen abrissen. Im Fernsehen gab es noch kein Morgen- und kein Nachtmagazin, und statt des Testbilds beendeten allenfalls einschläfernde Eisenbahnfahrten das Programm.

Lücke um Lücke wurde seither geschlossen. Zeitungen erschienen zusätzlich online und verabschiedeten sich vom festen Redaktionsschluss. Im Radio etablierten sich musikfreie Wortkanäle, im Fernsehen 24-Stunden-Nachrichtensender und im Netz unendlich vielstimmige Social-Media-Plattformen, Blogger, Podcaster, Youtuber und Influencer, die zu jedem erdenklichen Thema auch jede erdenkliche Position anbieten. Der Nachrichtentakt wurde schneller, die täglichen Talkshows kontroverser, die Öffentlichkeit nervöser, die Konsumenten dünnhäutiger.

Ein jeder von ihnen, der ein Smartphone zur Hand hat, ist auf dem Infomarkt seither Empfänger und selbst Sender. Ein Segen, wann immer dies in Unrechtsstaaten Übergriffe ans Licht bringt. Ein zweifelhafter Fortschritt hingegen, wo immer es nur Geschwätzigkeit steigert.

Wenn aber hier alles so dauerhaft umstritten ist, warum sollten manche daraus nicht den Schluss ziehen, dass sie auch mit irrlichternden Ansichten kaum auffallen? Was, wenn schlichtere Gemüter damit so überfordert sind, dass sie sich in vermeintlich einfachere Wahrheiten flüchten und darin abschotten? Und die nachdenklicheren wiederum so, dass sie am Ende an nahezu allem zweifeln, was sie zuletzt für richtig hielten?

Schon als ich aus Japan berichtete, einem Land mit eigenwilligem Hang zur Harmonie, war mir aufgefallen, wie konfliktorientiert wir vieles wahrnehmen. Zwar hielt auch ich die konsensbeseelte Schicksalsergebenheit der Japaner für trügerisch, weil sie reale Probleme oft schönt und auch konstruktive Kritik daran verhindert. Dennoch beschlich mich nach meiner Rückkehr aus Asien oft der Eindruck, dass unser tägliches Einsortieren der Dinge in übliche Konfliktmuster selbst in ruhigen Zeiten keinen mehr zur Ruhe kommen ließ.

Amerikanische Newskanal-Kollegen sprachen in zynischen Momenten vom »24-Stunden-Monster«, das nun mal gefüttert werden müsse, auch wenn es die Nachrichtenlage gar nicht hergab. Und immer, wenn dort ein Hurrikan zum bloßen Sturm herabgestuft wurde, wusste ich wieder, was sie meinten. Denn dann warnten die Live-Reporter auch noch vor rutschfeuchtem Laub, bis ich mich fragte, wie dieser Kontinent je heil durch einen Herbst kam.

Nun hungert das Monster auch hier. Als ich am Morgen nach Obamas Wiederwahl nach zwölf Stunden übermüdet das Fernsehstudio verließ, in dem ich zu Gast war, fiel mir im Augenwinkel am Bildrand einer der Live-Monitore die Textzeile auf, die nun durchlaufend meldete, was Oliver Pocher zum Wahlausgang getwittert hatte.

Da dämmerte mir mehr als je zuvor, dass wir wohl nie mehr einen Zustand erreichen werden, nicht einmal für eine Minute, in dem alles gesagt ist.

Wir sind so frei

Selbst wenn Eifelgemeinden nach der Jahrhundertflut erwägen, wieder Warnsirenen zu installieren, höre ich schon in den ersten Radionachrichten dazu ablehnende Reaktionen, in diesem Fall vom Gehörlosen-Verband, der fordert, dass

Sirenen auch blinken. Natürlich informiert auch dies. Doch inzwischen erwartet man schon förmlich den Folgesatz, der Sirenen-Beschluss spalte das Land. Als fehlte es der Demokratie allüberall an Konsens und Zusammenhalt.

Gerade vor diesem chronisch konfliktlastigen Grundmuster scheint mir allerdings noch unsinniger, was »Querdenker« behaupten: dass nämlich ausgerechnet diese Profession im Zuge der Pandemie-Berichterstattung beschlossen habe, fortan nur Hofberichte abzuliefern. Sodass an der Wahrheit interessierte Leser – ganz so wie unser Mann am Celler Gartenzaun – etwa auf putintreue Mitarbeiter einer angeblichen deutschen Hauptstadtzeitung bulgarischer Herkunft angewiesen wären.

Tatsächlich stimmt eher das Gegenteil. Gerade die Trump-Jahre bescherten den seriösen Quellen von der *New York Times* bis zum *Wall Street Journal* einen Boom an Abonnenten. Ebenso verbuchte die *Tagesschau* während der Pandemie reihenweise Publikumsrekorde, auch bei jungen Zuschauern. Die große Mehrheit der Menschen vertraut gerade in unsicheren Zeiten also schlichtweg Blättern und Kanälen, die sie auf Dauer als glaubwürdig wahrnimmt.

So sehr sich die schockstarren US-Demokraten irgendwann fragen lassen mussten, gegen wen sie eigentlich noch Wahlen gewinnen wollen, wenn schon ein offenkundiger Menschenhasser, Hochstapler und Heuchler wie Trump sie derart lähmt, so sehr müssen sich vielleicht auch die Qualitätsmedien fragen, ob sie sich denn plötzlich für so wenig überzeugend halten, nur weil ihnen selbsternannte Wutbürger »Lügenpresse« hinterherrufen.

Und so bitter die Zeitenwende nach Putins Angriff für das westliche Demokratiemodell ist: Er hat damit zwischenzeitlich von der NATO über die EU bis in den Bundestag für seltene Einigkeit gesorgt. Vielleicht müssen Demokratie und

Rechtsstaatlichkeit erst von außen bedroht sein, bevor sich im Inneren wieder alle darauf besinnen, sie zu schätzen.

Allein, die freie Welt war schon bald darauf wieder so frei, selbstvergessen darüber zu sinnieren, ob der US-Präsident den vom blutigen Eroberungskrieg besessenen Putin einen »Menschenschlächter« nennen durfte, der »nicht an der Macht bleiben« könne. Fast so, als sei man doch weiter bereit, selbst angesichts grausamst hingerichteter Zivilisten, eher an der eigenen Wahrnehmung zu zweifeln, so wie ich es einst auf Nordkoreareisen tat. Ähnlich wirklichkeitsfremd gab die US-Administration Wochen später wiederum als Ziel vor, Russlands Militär derart zu schwächen, dass es nie mehr ein Nachbarland würde überfallen können.

Zeitgleich zerfaserte in Deutschland die Debatte zuerst in wechselseitige Vorhalte, wer sich mehr als andere für die Jahrzehnte wohlwollender Russlandpolitik zu entschuldigen habe. Bevor sich Prominenten-Appelle und Netzkommentare in pazifistisch gekleidete De-facto-Empfehlungen an die Ukrainer verstiegen, sich um eines angeblich übergeordneten Friedens willen doch lieber Putin zu unterwerfen. Dessen Troll-Fabriken hätten es kaum besser hinbekommen.

Zurück zur Routine

Verkehrte Welt. Ausgerechnet jene öffentlichen Auseinandersetzungen, die in Diktaturen so bitter fehlen, werden im meinungsfreien Westen fast umso heftiger geführt, womöglich dann noch angeheizt von Bots und Algorithmen. Was also ist zu tun? Am Ende wieder mehr den alten Mustern aus der Zeit der Konfrontation vertrauen, wie es auch die Außenpolitik nun muss? Warum nicht?

Die Netzwerke mögen das Ausmaß und die Geschwindigkeit von Lügen, Hass und Hetze verändert haben, die solche Auseinandersetzungen gezielt anheizen. In der Substanz aber sind sie nicht neu. Propaganda gab es auch schon, bevor wir sie Fake News, Desinformation oder Hybridkrieg nannten. Ein verwirrendes Überangebot an Veröffentlichtem stapelte sich auch schon am Kiosk. Und mit böswilliger Kritik mussten auch Journalisten schon umgehen, bevor es Hashtags und Shitstorms gab.

Nie werde ich etwa die Nachtschichten in der *Panorama*-Redaktion vergessen, als nach der Sendung stets die Telefonleitungen glühten. Dann lobten die einen Anrufer die Beiträge. Die anderen beschimpften uns Autoren und versprachen, uns baldmöglichst an die Wand zu stellen. Nie aber hätten uns Letztere auf die Idee gebracht, zweifelnd darüber zu rätseln, warum wir diese Zuschauer je so sträflich zurücklassen konnten. Es war Routine. Wann kam sie uns abhanden?

Die Empfehlung des Bundespräsidenten, der zuletzt die stille Mehrheit mahnte, gegenüber den Schreihälsen auch selbst lauter zu werden und deren »feindseligen Parolen« etwas entgegenzusetzen, vernahm ich deshalb nicht ohne Skepsis. Mag sein, er meinte damit, man solle morgens beim Bäcker gerne mal gegenhalten, wenn der Nebenkunde über angebliche Verschwörungen schwadroniert.

Auch ich habe mich inzwischen dazu erzogen, obwohl ich zu jenen gehöre, denen die passendste Antwort erst nach fünf Minuten einfällt. Dennoch reicht oft schon die Gegenfrage, was das Gegenüber denn so sicher mache. Darauf, dass die Antwort »Das habe ich im Netz gelesen« nicht schon ein Gütesiegel für die Wahrheit ist, kann man sich dann meist verständigen.

Wenn Steinmeiers Forderung nach mehr Lautstärke aus der Mitte jedoch die Gegenveranstaltungen meinte, die sich rechten »Spaziergängern« zuletzt entgegenstellten, oder jene

User, die sich im Netz, wie die Community-Managerin der *Tagesschau* es nannte, »in die Schlacht stürzen«, bin ich nicht sicher, ob die Wirkung wie beabsichtigt ausfällt. Die Beteuerungen des Bundeskanzlers jedenfalls, wonach das Land »nicht gespalten« sei, würden dann von Nachrichtenbildern eher konterkariert, in denen Polizeiketten Proteste und Gegenproteste voneinander fernhalten müssten.

Gerade angesichts der »Spaziergänger«-Proteste riet zuletzt *Die Welt* zu mehr Gelassenheit. Die Zahl der Corona-Demonstranten sei überschaubar. Sie verfügten weder über Führung noch über Organisationstalent oder respektable Intellektuelle. Dass sie so vielen dennoch als bedrohlich erschienen, liege in unserer Geschichte begründet, nach der uns etwa Fackelaufmärsche vor Privatanwesen nun mal nicht geheuer sein könnten. »Darum fehlt den politischen Auseinandersetzungen hierzulande häufig jene Gelassenheit, ja, Leichtigkeit« anderer Demokratien, fand das Blatt. Und verglich das Phänomen der »Querdenker« mit einem pfeifenden Teekessel, der zwar auf unangenehme Weise vernehmbar sei, aber eben doch ein Teekessel bleibe.

Toleranz nur wechselseitig

Ich wünschte, der *Welt*-Autor behielte recht. Seine Sicht erinnerte mich an den Rat, den mir eine New Yorker Online-Redakteurin am Ende eines Interviews über Fake News gab.

»Wo mehr Platz ist für Wahrheit, ist auch mehr Platz für Lügen«, sagte sie lapidar. »Wir alle müssen mehr filtern.«

Mir selbst scheint die wichtigste Handreichung inzwischen die zu sein, dass ein jeder Grenzen deutlich macht. So eben, wie es auch die Strafverfolger tun, die ich getroffen habe. Verständnis für Täterverhalten, Ursachen und Umstände mögen sich auf das Strafmaß auswirken. Am Tatvorwurf aber ändert es nichts.

So wie jene Strafverfolger sichtbare Grenzen ziehen, versuche ich dies auch in meinem Alltag zu tun, nicht nur beim Brötchenholen. Man kann über vieles reden, nicht aber über alles. Dass meine eigene Filterblase offen bleibt für vieles, was mich auf blinde Flecke aufmerksam machen könnte, heißt nicht, dass ich bereit wäre, auch alles gleich ernst zu nehmen. Wenn auf der Gegenseite die gleiche Offenheit erkennbar ist, dann lässt sich reden. Wenn nicht, dann nicht.

Der zornige Online-Zuschauer in den USA, der mich nach einem *Tagesthemen*-Kommentar zu Donald Trump als »Linksfaschist« beschimpfte, war erstaunlich versöhnlich, sobald ich ihm antwortete. Bis heute halten wir Kontakt. Der knorrige frühere Agenturkollege jedoch, der glaubt, Artikel teilen zu müssen, die das Märchen von Trumps gestohlener Wiederwahl stützen, ist dann eben nur noch ein Freund von gestern. Und auch die Heilpraktikerin in der Heimat, die partout nicht von dem Vorwurf lassen will, die »Medizin-Mafia« wolle ihr »Gift in die Venen« spritzen, lasse ich trotz Bedauern hinter mir.

Toleranz wird widersinnig, wenn sie alles toleriert. Verstehen wollen heißt nicht, für alles Verständnis haben. Offenheit zum Dialog bedeutet nicht auch die Bereitschaft, sich zum Narren zu machen.

Wir alle mögen die Grenze unterschiedlich ziehen, ab wann, wo und wie lange wir uns im neuen, digitalen Nahkampf mit Bedrängten solidarisieren. Und ab wann wir Lügen, Hass und Hetze in wiederentdeckter, alter Routine aus unserem Info-Universum herausfiltern. Entscheidender ist, dass diese Grenze Beliebigkeit nie zulässt.

Oder, um in den Bildern des Buches zu bleiben: Kugel ins Hirn bleibt Kugel ins Hirn. Ein Apfel wird nie eine Banane.

Auch hinter noch so hohen Gartenzäunen endet Meinungsfreiheit, sobald sie andere bedroht. Und Lügen bleiben Lügen.
Unabhängig davon, wie viele Anhänger sie zeitweilig finden.

Dank

Ich danke allen Verantwortlichen bei Polizei, Justiz und Ministerien in Sachsen, Niedersachsen und Rheinland-Pfalz für ihre Offenheit und ihr Vertrauen, ohne die weder die Fernsehdokumentation noch das Sachbuch möglich geworden wären.

Noch mehr gilt dies für all jene, die sich für Interviews zur Verfügung stellten, namentlich Oberstaatsanwältin Nicole Geisler in Dresden und Staatsanwältin Svenja Meininghaus in Göttingen, Generalstaatsanwalt Jürgen Brauer in Koblenz sowie dem Leiter des Göttinger Zentrums zur Bekämpfung von Hasskriminalität im Internet, Oberstaatsanwalt Frank-Michael Laue.

In den Landeskriminalämtern waren dies in Mainz der Abteilungsleiter für politisch motivierte Kriminalität, Hans Kästner, und in Dresden der Leiter des polizeilichen Staatsschutzes, Dirk Münster. Besonderen Dank schulde ich dem LKA-Team, das uns in Chemnitz unter Auflagen einen frühen Einsatz drehen ließ. Gleiches gilt für den Leiter des Landesverfassungsschutzes in Mainz, Elmar May, und seine Mitarbeiter.

Ich schätze bis heute die offenen Antworten der damaligen Bundestagsvizepräsidentin und heutigen Staatsministerin Claudia Roth sowie des damaligen Bundestagspräsidenten Wolfgang Schäuble. Ebenso danke ich dem Präsidenten des

Amtsgerichts Bersenbrück, Oliver Sporré, dafür, dass er sich bereit zeigte, ein umstrittenes Urteil zu erläutern, obwohl absehbar war, dass es höheren Instanzen kaum standhalten würde.

Zudem danke ich dem Lingener Strafverteidiger Lukas Koop für unser aufschlussreiches Gespräch. Und, ja, auch dem Chemnitzer Anwalt und »Freie Sachsen«-Wortführer, Martin Kohlmann, der nicht mit uns hätte reden müssen. Und auch all jene, die im Text nur anonym erscheinen, ob als Anzeigeerstatter, Zeugen, Beschuldigte oder Verurteilte, haben dafür meinen Respekt.

Keine Recherche beginnt und endet ohne An- und Rückfragen in Abgeordnetenbüros und Pressestellen. Dort halfen mir Hannah König, Vivian Weitzl und Anna Rubinowicz-Gründler in Berlin, Sonja Bräuer, Dagmar Meyer, Bastian Kipping und Joachim Winkler in Mainz, Christian Lauenstein in Hannover, Kay Anders in Dresden, Ingrid Burghart in Chemnitz, Nadine Kramer in Einbeck und Steffen Kumme in Peine.

Dem Chefredakteur des *Göttinger Tageblattes*, Frerk Schenker, danke ich ebenso für offene Türen und Antworten wie meinen Kolleginnen und Kollegen der *Tagesschau*-Redaktion, allen voran der Social-Media-Redakteurin Frida Kammerer, aber auch den Chefredakteuren Marcus Bornheim und Helge Fuhst sowie den Redaktionsleitern André Steins und Patrick Weinhold.

Womit ich zu bewährten Wegbegleitern komme: Verlässlich wie inzwischen seit vielen Jahren konnte ich auch bei diesem Projekt auf meinen Kameramann Johannes Anders bauen, dem das Kunststück gelang, den Beginn einer Hausdurchsuchung in Echtzeit filmisch so festzuhalten wie in einem detaillierten *Tatort*-Drehbuch.

Außerdem danke ich meinen weiteren geschätzten Kameraleuten Sven Wettengel, André Bacher und Hendrik Reimer sowie meiner Cutterin Sarah Steffen. Daniel Frevel schulde ich einmal mehr Dank für Recherchen und Interviews, wann immer ich einen Termin nicht selbst wahrnehmen konnte. Im Produktionsstab danke ich zudem Vivienne Schumacher und Florian Müller für die Online-Aufbereitung, der unermüdlichen Aileen Eisenbrand für Abschriften, Fritz Gnad für grafischen, Arne Kühl für bildtechnischen, Mathias Rehfeldt für musikalischen sowie Anja Reingold-Kutsche, Bettina Wieselhuber, Katja Scheibmayr, Jenny Lange, Kathleen Wörz, Andrea Breitkreuz und Michael Schinschke für logistischen Rückhalt.

Als Redaktion schließlich haben mich Kathrin Becker und Jochen Graebert so aufmerksam und sachkundig begleitet, wie sich das ein Autor nur wünschen kann. Was allemal und wie immer auch auf NDR-Justiziar Klaus Siekmann zutrifft, ein unersetzlicher Begleiter und Garant in jeder Phase des Projekts. Nicht zuletzt freute ich mich über das Vertrauen und den Rückhalt meiner Vorgesetzten Anja Reschke und Dirk Neuhoff sowie in der NDR-Programmdirektion Katja Marx und Frank Beckmann.

Bliebe mein Dank an meinen Münchener Wegbegleiter, wann immer es um Bücher geht, Thomas Montasser samt seiner Agentur und erstmals an Margit Ketterle im Droemer-Verlag sowie Lektor Thomas Blanck, Redakteurin Dagmar Weindl und Bildredakteur Markus Röleke für beste Betreuung und für die herzliche Aufnahme ins Autorenteam des Hauses.

In der Hamburger Landeszentrale für politische Bildung danke ich Sabine Bamberger-Stemmann und Maria del Sol Aguilera für ihre Ausdauer beim Planen einer Premiere in Zeiten der Pandemie. Gleiches gilt für Jessica Maron und Ulrike Weil für die Veranstaltungen in Rheinland-Pfalz.

Und schließlich ergeht hier auch noch ein Dankeschön an meinen Nachbarn Christian Kohler für die Preisgabe seiner interplanetarischen Familiengeschichte und an meinen Hamburger Autorenkollegen Martin Tschechne, der als williger Erstleser des Rohtextes schon vor dem Lektorat manchen Knoten zu lösen und manche Falte auszubügeln half. Alle übrigen sind meine.

Quellen

Balz, Dan; Clement, Scott; Guskin, Emily: Republicans and Democrats divided over Jan. 6 insurrection and Trump's culpability. *Washington Post,* 01.01.2022.

Biden's Putin remark pushes U.S.-Russia relations closer to collapse. *Washington Post,* 28.03.2022.

BKA fürchtet Gefahr für Demokratie. Wachsende Gewalt gegen Politiker. *Tagesschau.de,* 06.02.2022.

BKA zu Vorfällen 2021: Höchststand bei extremistischen Straftaten. *Tagesschau.de,* 10.05.2022.

Böhmermann: Recherche zur Anzeige von Hasskommentaren löst Reaktionen aus. *Heise Online,* 29.5.2022.

Bornheim, Marcus; Knuth, Joachim: 20 Uhr-Tagesschau mit großem Abstand Deutschlands erfolgreichste Nachrichtensendung. *NDR.de,* 31.12.2021.

Burgard, Jan Philipp: Interview mit Bundeskanzler Olaf Scholz. »Die Gesellschaft ist nicht gespalten.« *Welt TV,* 08.12.2021.

Corona: Steinmeier fordert die »stille Mitte« auf, lauter zu werden. *SZ-Online,* 24.01.2022.

Deininger, Roman; Mascolo, Georg: Mit freundlichen Grüßen: Die Welle des Hasses, die sich in der Gesellschaft auftürmt, kann es in ihrer Dynamik mit Omikron aufnehmen. *Süddeutsche Zeitung,* 18.01.2022.

Dem Hass auf der Spur. Behörden verfolgen nach Morden an Polizisten Internetkommentare. *Epd*, 07.02.2022.

Der Brandbeschleuniger: Meinungsfreiheit für alle – dafür steht der Messengerdienst Telegram. *Handelsblatt*, 02.02.2022.

»Die Politik hat versagt«: Gehörlose beklagen unzureichende Warnsysteme im Katastrophenschutz. *Stern Online*, 21.09.2021.

Donald Trump und Twitter: Dauerhafte Sendepause für den ehemaligen Präsidenten. *Frankfurter Allgemeine Zeitung*, 10.02.2022.

Entschieden gegen Hetze im Netz. *Bundespresseamt, Berlin*, 03.07.2020.

Epstein, Reid; Weisman, Jonathan: G.O.P. Declares Jan. 6 Attack »Legitimate Political Discourse«. The Republican National Committee voted to censure Representatives Liz Cheney and Adam Kinzinger for participating in the inquiry into the deadly riot at the Capitol. *New York Times*, 04.01.2022.

Ermittlungen in Berliner Justiz: Mitarbeiterin der Staatsanwaltschaft soll Attila Hildmann vor Haftbefehl gewarnt haben. *Spiegel Online*, 01.11.2021.

Extremisten planten Attacken auf Infrastruktur: Die Generalstaatsanwaltschaft in Koblenz ermittelt gegen Mitglieder von Chatgruppen wie den »Vereinten Patrioten«. Sie sollen Sprengstoffanschläge geplant und es auf Gesundheitsminister Lauterbach abgesehen haben. *Spiegel Online*, 14.04.2022.

Falsche Corona-Infos. Twitter sperrt Account von US-Abgeordneter. *Spiegel Online*, 02.01.2022.

Fox News cameraman Pierre Zakrzewski, Ukrainian journalist Oleksandra Kuvshynova killed near Kyiv. *Washington Post*, 15.03.2022.

Frum, David: *Trumpocracy. The Corruption Of The American Republic*. Harper Verlag, New York, 2018.

Für 44 Milliarden US-Dollar: Elon Musk kauft Twitter und verspricht Redefreiheit. *Stern Online*, 26. April 2022.

Gensing, Patrick: Die Armee der Trolle. Russische Propaganda am Netz. *Tagesschau.de*, 23.03.2022.

Ghitis, Frida: How does Ukraine negotiate with a liar? *CNN*, 01.04.2022.

Habt euch nicht so. Wenn Frauen im Netz übel beleidigt werden, passiert oft: wenig bis gar nichts. Zeit, dass die Gerichte endlich entschiedener handeln. *Süddeutsche Zeitung*, 23.02.2022.

HateAid; The Landecker Justice Movement: Grenzenloser Hass. Neue europaweite Befragung zu digitaler Gewalt zeigt: Online-Plattformen scheitern im Schutz vor Hass und Hetze im Netz. 04.11.2021.

Hetze im Internet: EU einigt sich auf Digitalgesetz gegen Hass. *Tagesschau.de*, 23. April 2022.

»Ich könnte den ganzen Tag nur heulen«: In Freiberg, Sachsen, verzweifeln viele an ihren Mitmenschen. *Süddeutsche Zeitung*, 17.12.2021.

Internet-Riesen ergreifen Partei. Die Unternehmen Meta und Google unterstützen die Ukraine. *Süddeutsche Zeitung*, 01.03.2022.

Invasion in der Ostukraine: Trump hält Putins Vorgehen für »genial«. *Spiegel Online*, 23.02.22.

Jones, Marc Owen: »Man muss der Desinformation nicht glauben, damit sie effektiv ist.« Interview mit dem Propagandaforscher. *Spiegel Online*, 17.03.2022.

»Kann den mal jemand eliminieren«: Chatgruppen von Impfgegnern quellen über vor wüsten Drohungen, bis hin zu Mordaufrufen. *Süddeutsche Zeitung*, 10.12.2021.

Kao, Jeff; Silverman, Craig; Timberg, Craig: The Washington

Post and ProPublica examined millions of posts in Facebook groups to discover the extent of election deligitimatization posts ahead of Jan. 6, 2021. *Washington Post*, 04.01.2022.

Klage wegen Hasspostings: Karlsruhe gibt Künast recht. *Tagesschau.de*, 02.02.2022.

Kohlmann legt Berufung ein. *Weser Kurier*, 17.10.2020.

Künast erzielt Teilerfolg bei Kampf gegen Hasskommentare. *Spiegel Online*, 21.01.2020.

Lamberty, Pia; Nocun, Katharina: *Wie Verschwörungstheorien unser Denken bestimmen.* Quadriga Verlag, Berlin, 2021.

Landgericht Osnabrück verurteilt Internet-Hetzer aus dem Nordkreis. *Neue Osnabrücker Zeitung*, 21.01.2022.

Leutheusser-Schnarrenberger, Sabine; Wendt, Gunna: *Unsere gefährdete Demokratie: Wie wir mit Hass und Hetze gegen Politiker und Journalisten umgehen.* Hirzel Verlag, Stuttgart, 2022.

Mascolo, Georg; Steinke, Ronen: Rechtsfreier Raum. Warum Islamisten, Rechtsterroristen und Querdenker gleichermaßen den Messengerdienst Telegram als bevorzugte Plattform nutzen. *Süddeutsche Zeitung*, 10.12.2021.

Musk: Bei Inhalte-Regeln für Twitter einer Meinung mit EU. *Welt.de*, 10.05.2022.

Nach Polizistenmorden bei Kusel: 1600 Hinweise auf Hassnachrichten. *Spiegel Online*, 23.02.2022.

Obama verlangt strengere Regeln für Internetkonzerne. *Spiegel Online*, 22.04.2022.

Obeidallah, Dean: Biden's declaration that Putin ›cannot remain in power‹ was not a gaffe. *CNN online*, 28.03.2022.

Orwell, George: »Ruins«, *Orwell's Reports as War Correspondent in France, Germany and Austria from February until June 1945.* Comino Verlag, Berlin 2021.

Putins American Star: Tucker Carlson bei Fox News. *Frankfurter Allgemeine Zeitung*, 22.03.2022.

Putins amerikanischer Liebling: US-Fernsehmoderator Tucker Carlson. *Spiegel Online,* 02.02.2022.

Quent, Matthias: *Deutschland rechts außen. Wie die Rechten nach der Macht greifen und wie wir sie stoppen können.* Piper Verlag München, 2019.

Radikale Impfgegner bedrohen Bundestagsabgeordnete von Union und SPD. *Der Spiegel,* 08.02.2022.

Rechtsanwalt verurteilt: Geldstrafe gegen Kohlmann wegen Volksverhetzung. *Weser Kurier,* 06.10.2020.

Rechtsextremistische Inhalte: Verfassungsschutz beobachtet »Pro Chemnitz«. *Dresdner Neueste Nachrichten,* 09.01.2019.

Regeln gegen Hass im Netz – das Netzwerkdurchsetzungsgesetz. *Bundesministerium der Justiz, Berlin,* 28.06.2021.

Rubin, Jennifer: Putin shouldn't remain in power. Biden's advisers blew it. *Washington Post,* 28.03.2022.

Rudl, Thomas: Gesetz gegen rechte Hetze: Steinmeier lässt Große Koalition nacharbeiten. *Netzpolitk.org,* 08.10.2020.

Schärfere Gesetze gegen Hass und Hetze. Welche Äußerungen heute schon strafbar sind und was künftig gelten soll. Ein Überblick über die wichtigsten Begriffe. *Süddeutsche Zeitung,* 12.10.2020.

Scherer, Klaus: *Alles Lüge oder was? Wenn Nachrichten zur Waffe werden. Die Story im Ersten.* ARD, 2015.

Scherer, Klaus: *Wahnsinn Amerika. Innenansichten einer Weltmacht.* Piper Verlag, München, 2012.

Schroeder, Vera: Hate Speech. Widersteht den Trollen. *Süddeutsche Zeitung,* 16.10.2021.

Schuster, Jaques: Dieser Gesellschaft wohnt ein Element des Nicht-ganz-Geheuren inne. *Die Welt,* 21.01.2022.

Schwarzer, Alice u.a.: Offener Brief an Kanzler Olaf Scholz. *Emma.de,* 29. April 2022.

So sieht Kapitulation aus. Offener Brief in der »Emma«. *Faz.net,* 29. April 2022.

Sperrung von Twitter-Konto: Niederlage für Trump vor Gericht. *Zeit Online*, 7.05.2022.

Steinke, Ronen: Rechtsstaat bei der Arbeit. Doku zu Hass im Netz. *Süddeutsche Zeitung*, 05.12.2021.

Steinke, Ronen: Schärfere Gesetze gegen Hass und Hetze. *Süddeutsche Zeitung*, 12.10.2020.

Straftaten gegen Politiker nehmen deutlich zu – Innenministerin kündigt Konsequenzen an. Viele Politiker sind in der Corona-Zeit zu Frustableitern geworden. *Handelsblatt*, 06.02.2022.

Symbol des Angriffskrieges: Das »Z« ist schon jetzt strafbar. *FAZ.net*, 30. März 2022.

Telegram sperrt Hildmanns Kanäle. Der Verschwörungsideologe hetzte dort auch nach seiner Flucht aus Deutschland. *Süddeutsche Zeitung*, 10.02.2022.

Thierse, Wolfgang: Um des lieben Friedens willen? Warum ich den Appell gegen die Hochrüstung nicht unterschreiben kann. *Frankfurter Allgemeine Zeitung*, 02.04.2022.

Trump Says He Would Consider Pardons for Jan. 6 Defendants if Elected. *New York Times*, 30.01.2022.

Trump sides with Putin as Biden tries to stop a war. *CNN online*, 23.02.2022.

Twitter-Sperre: Musk will Trump aus der Verbannung zurückholen. *Spiegel Online*, 11.05.2022.

Twitter sperrt Trump »dauerhaft«. *Tagesschau.de*, 09.01.2021.

Utrecht, Michael: Der Burgpark und seine Geschichte. *Stadtarchiv Peine*, 08/2020.

Vorgehen gegen virtuelle Hetzer: Ermittler finden nach Tötung von Polizisten hunderte Hasskommentare im Netz. *SWR.Aktuell*, 07.02.2022.

»Wenn eine Nation taub, blind und stumm wird«: Kriegsverbrechen im ukrainischen Butscha – und dennoch gibt es keinen öffentlichen Aufschrei in Russland. Warum nicht? *Spiegel online*, 04.04.2022.

Werner, Kathrin: Viele Menschen erleben Hass und Hetze im Internet. Digitale Gewalt hat in Europa ein massives Ausmaß angenommen, doch meistens hat sie keine Konsequenzen. *Süddeutsche Zeitung*, 04.11.2021.

Wiebe, Jan-Henrik: »Querdenker«-Szene. Täglich Tötungsaufrufe auf Telegram. *Tagesschau.de*, 05.01.2022.

Wie Bots die Frankfurter Rundschau angreifen. Interview mit Chefredakteur Thomas Kasper. *Deutschlandfunk.de*, 28.02.2022.

Wolf, Tobias: Extremes Störfeuer. Gebrüll, Getröte, Hass-Chöre: Im Bundestagswahlkampf wütet eine Gruppe namens »Freie Sachsen« gezielt bei Veranstaltungen und schüchtert Politiker ein. *Sächsische Zeitung*, 23.09.2021.

»Z« ist überall. Facebook und Youtube unternehmen zwar etwas gegen russische Propaganda. Doch viel zu wenig, sagt das Disinformation Situation Center. Nur ein winziger Teil hetzerischer Desinformation werde gelöscht. *FAZ.net*, 26. April 2022.

Zahl politischer Straftaten auf Rekordhöhe: In der Corona-Pandemie haben sich einige Menschen radikalisiert. *Tagesschau.de*, 18.01.2022.

Zelensky is going viral, but Putin is winning the information war that counts. *Washington Post*, 10.03.2022.

Alle im Text enthaltenen externen Links begründen keine inhaltliche Verantwortung des Verlags, sondern sind allein von dem jeweiligen Dienstanbieter zu verantworten. Der Verlag hat die verlinkten externen Seiten zum Zeitpunkt der Buchveröffentlichung sorgfältig überprüft, mögliche Rechtsverstöße waren zum Zeitpunkt der Verlinkung nicht erkennbar. Auf spätere Veränderungen besteht keinerlei Einfluss. Eine Haftung des Verlags ist daher ausgeschlossen.